LES

CONFESSIONS

DE

J. J. ROUSSEAU.

SECONDE PARTIE.

LES
CONFESSIONS

DE

J. J. ROUSSEAU.

SECONDE PARTIE.

A GENÈVE.

M. DCC. LXXXII.

LES
CONFESSIONS
E
J. J. ROUSSEAU.

LIVRE QUATRIÈME.

J'ARRIVE & je ne la trouve plus. Qu'on juge de ma furprife & de ma douleur ! C'eft alors que le regret d'avoir lâchement abandonné M. le *Maître* commença de fe faire fentir. Il fut plus vif encore, quand j'appris le malheur qui lui étoit arrivé. Sa caiffe de Mufique, qui contenoit toute fa fortune, cette précieufe caiffe, fauvée avec tant de fatigue, avoit été faifie en arrivant à Lyon par les foins du comte *Dortan*, à qui le Chapitre avoit fait écrire pour le prévenir de cet enlèvement furtif. Le

II. Partie. A

Maître avoit en vain réclamé son bien, son gagne-pain, le travail de toute sa vie. La propriété de cette caisse étoit tout au moins sujette à litige ; il n'y en eut point. L'affaire fut décidée à l'instant même par la loi du plus fort, & le pauvre le *Maître* perdit ainsi le fruit de ses talens, l'ouvrage de sa jeunesse, & la ressource de ses vieux jours.

Il ne manqua rien au coup que je reçus, pour le rendre accablant. Mais j'étois dans un âge où les grands chagrins ont peu de prise, & je me forgeai bientôt des consolations. Je comptois avoir dans peu des nouvelles de Madame de *Warens*, quoique je ne susse pas son adresse, & qu'elle ignorât que j'étois de retour ; & quant à ma désertion, tout bien compté, je ne la trouvois pas si coupable. J'avois été utile à M. le *Maître* dans sa retraite ; c'étoit le seul service qui dépendît de moi. Si j'avois resté avec lui en France je ne l'aurois pas guéri de son mal, je n'aurois pas sauvé sa caisse, je n'aurois fait que doubler sa dépense, sans lui pouvoir être bon à rien. Voilà comment alors je voyois la chose ; je la vois autrement aujourd'hui. Ce n'est pas quand une vilaine action vient d'être faite qu'elle nous tourmente ; c'est quand longtems après on se la rappelle : car le souvenir ne s'en éteint point.

Le seul parti que j'avois à prendre pour avoir des nouvelles de Maman, étoit d'en attendre : car où l'aller cher-cher à Paris, & avec quoi faire le voyage ? Il n'y avoit point de lieu plus sûr qu'Annecy pour savoir tôt ou tard où elle étoit. J'y restai donc ; mais je me conduisis assez mal. Je n'allai point voir l'Evêque, qui m'avoit protégé & qui me pouvoit protéger encore. Je n'avois plus ma patronne auprès de lui, & je craignois les réprimandes sur notre évasion. J'allai moins encore au sémi-naire. M. *Gros* n'y étoit plus. Je ne vis personne de ma connoissance : j'aurois pourtant bien voulu aller voir Madame l'Intendante, mais je n'osai jamais. Je fis plus mal que tout cela. Je retrou-vai M. *Venture*, auquel, malgré mon enthousiasme, je n'avois pas même pensé depuis mon départ. Je le retrou-vai brillant & fêté dans tout Annecy; les Dames se l'arrachoient. Ce succès acheva de me tourner la tête. Je ne vis plus rien que M. *Venture*, & il me fit presque oublier Madame de *Warens*. Pour profiter de ses leçons plus à mon aise, je lui proposai de partager avec moi son gîte; il y consentit. Il étoit logé chez un Cordonnier, plaisant & bouffon personnage, qui dans son patois n'appelloit pas sa femme autrement que *salopiere*; nom qu'elle méritoit assez. Il avoit avec elle des prises que *Venture* avoit soin de faire durer en paroissant vouloir faire le contraire. Il leur disoit d'un ton froid & dans son accent Provençal des mots qui faisoient le plus grand effet; c'étoient des scènes à pâmer de rire. Les matinées se passoient ainsi sans qu'on y songeât. A deux ou trois heures nous mangions un morceau. *Venture* s'en alloit dans ses sociétés où il soupoit, & moi j'allois me promener seul, méditant sur son grand mérite, admirant, convoitant ses rares talens, & maudissant ma maussade étoile qui ne m'appelloit point à cette heureuse vie. Eh! que je m'y connoissois mal! la mienne eût été cent fois plus charmante si j'avois été moins bête & si j'en avois sçu mieux jouir.

Madame de *Warens* n'avoit emmené qu'*Anet* avec elle; elle avoit laissé *Merceret*, sa femme-de-chambre dont j'ai parlé. Je la trouvai occupant encore l'appartement de sa maitresse. Mademoiselle *Merceret* étoit une fille un peu plus âgée que moi, non pas jolie, mais assez agréable ; une bonne fribourgeoise sans malice, & à qui je n'ai connu d'autre défaut que d'être quelquefois un peu mutine avec sa maitresse. Je l'allois voir assez souvent ; c'étoit une ancienne connoissance, & sa vue m'en rappelloit une plus chère qui me la faisoit aimer. Elle avoit plusieurs amies ; entr'autres une Mademoiselle *Giraud*, Genevoise, qui pour mes péchés s'avisa de prendre du goût pour moi. Elle pressoit toujours *Merceret* de m'amener chez elle ; je m'y laissois mener, parce que j'aimois assez *Merceret*, & qu'il y avoit là d'autres jeunes personnes que je voyois volontiers. Pour Mademoiselle *Giraud*, qui me faisoit toutes sortes d'agaceries, on ne peut rien ajouter à l'aversion que j'avois pour elle. Quand elle approchoit de mon visage, son museau sec & noir, barbouillé de tabac d'Espagne, j'avois peine à m'abstenir d'y cracher. Mais je prenois patience ; à cela près, je me plaisois fort, au milieu de toutes ces filles, & soit pour faire leur cour à Mademoiselle *Giraud*, soit pour moi-même, toutes me fêtoient à l'envi. Je ne voyois à tout cela que de l'amitié.

J'ai pensé depuis qu'il n'eût tenu qu'à moi d'y voir davantage : mais je ne m'en avisois pas, je n'y pensois pas.

D'ailleurs des couturières, des filles-de-chambre, de petites marchandes, ne me tentoient guères. Il me falloit des Demoiselles. Chacun a ses fantaisies, ç'a toujours été la mienne, & je ne pense pas comme Horace sur ce point-là. Ce n'est pourtant pas du tout la vanité de l'état & du rang qui m'attire ; c'est un teint mieux conservé, de plus belles mains, une parure plus gracieuse, un air de délicatesse & de propreté sur toute la personne, plus de goût dans la manière de se mettre & de s'exprimer, une robe plus fine & mieux faite, une chaussure plus mignonne, des rubans, de la dentelle, des cheveux mieux ajustés. Je préférerois toujours la moins jolie, ayant plus de tout cela. Je trouve moi-même cette préférence très-ridicule ; mais mon cœur la donne malgré moi.

Hé bien ! cet avantage se présentoit encore, & il ne tint encore qu'à moi d'en profiter. Que j'aime à tomber de tems en tems sur les momens agréables de ma jeunesse ! Ils m'étoient si doux ; ils ont été si courts, si rares, & je les ai goûtés à si bon marché! Ah! leur seul souvenir rend encore à mon cœur une volupté pure, dont j'ai besoin pour ranimer mon courage, & soutenir les ennuis du reste de mes ans.

L'aurore un matin me parut si belle que m'étant habillé précipitamment, je me hâtai de gagner la campagne pour voir lever le soleil. Je goûtai ce plaisir dans tout son charme ; c'étoit la semaine après la St. Jean. La terre dans sa plus grande parure étoit couverte d'herbe & de fleurs : les rossignols presqu'à la fin de leur ramage sembloient se plaire à le renforcer : tous les oiseaux faisant en concert leurs adieux au printems, chantoient la naissance d'un beau jour d'été, d'un de ces beaux jours qu'on ne voit plus à mon âge, & qu'on n'a jamais vus dans le triste sol où j'habite aujourd'hui.

Je m'étois insensiblement éloigné de la ville, la chaleur augmentoit, & je me promenois sous des ombrages dans un vallon le long d'un ruisseau. J'entends derrière moi des pas de chevaux & des voix de filles qui sembloient embarrassées, mais qui n'en rioient pas de moins bon cœur. Je me retourne, on m'appelle par mon nom, j'approche, je trouve deux jeunes perſonnes de ma connaiſſance, Mademoiſelle de *G+***. & Mademoiſelle Galley, qui n'érant pas d'excellentes cavalières ne ſavaient comment forcer leurs chevaux à paſſer le ruiſſeau. Mademoiſelle de *G****. était une jeune bernoiſe fort aimable, qui par quelque folie de ſon âge ayant été jettée hors de ſon pays, avoit imité Madame de *Warens*, chez qui je l'avois vue quelquefois ; mais n'ayant pas eu une penſion comme elle, elle avoit été trop heureuſe de s'attacher à Mademoiſelle *Galley*, qui, l'ayant priſe en amitié, avoit engagé ſa mère à la lui donner pour compagne, juſqu'à ce qu'on la pût placer de quelque façon. Mademoiſelle *Galley*, d'un an plus jeune qu'elle, étoit encore plus jolie ; elle avoit je ne ſais quoi de plus délicat, de plus fin ; elle étoit en même tems très-mignonne & très-formée, ce qui eſt pour une fille le plus beau moment. Toutes deux s'aimoient tendrement, & leur bon caractère à l'une & à l'autre ne pouvoit qu'entretenir long-tems cette union, ſi quelque amant ne venoit pas la déranger. Elles me dirent qu'elles alloient à Toune, vieux château appartenant à Madame *Galley* ; elles implorèrent mon secours pour faire passer leurs chevaux, n'en pouvant venir à bout elles seules; je voulus fouetter les chevaux , mais elles craignaient pour moi les ruades , & pour elles les haut-le-corps. J'eus recours à un autre expédient : je pris par la bride le cheval de Mademoiselle *Galley* , puis le tirant après moi , je traversai le ruisseau ayant de l'eau jusqu'à mi-jambes , & l'autre cheval suivit sans difficulté. Cela fait , je voulus saluer ces Demoiselles & m'en aller comme un benêt : elles se dirent quelques mots tout bas , & Mademoiselle *G***. s'adressant à moi : non pas, non pas , me dit-elle , on ne nous échappe pas comme cela. Vous vous êtes mouillé pour notre service , & nous devons en conscience avoir soin de vous sécher : il faut, s'il vous plaît, venir avec nous , nous vous arrêtons prisonnier. Le cœur me battoit , je regardais Mademoiselle *Galley* : oui , oui, ajouta-t-elle en riant de ma mine effarée , prisonnier de guerre ; montez en croupe derrière elle , nous voulons rendre compte de vous. Mais Mademoiselle , je n'ai point l'honneur d'être connu de Madame votre mère ; que dira-t-elle en me voyant arriver ? Sa mère, reprit Mademoiselle de *G****. n'eſt pas à Toune, nous ſommes ſeules : nous revenons ce ſoir, & vous reviendrez avec nous.

L'effet de l'électricité n'eſt pas plus prompt que celui que ces mots firent ſur moi. En m'élançant ſur le cheval de Mademoiſelle de *G****. je tremblois de joie, & quand il fallut l'embraſſer pour me tenir, le cœur me battoit ſi fort qu'elle s'en apperçut ; elle me dit que le ſien lui battoit auſſi par la frayeur de tomber ; c'étoit preſque dans ma poſture, une invitation de vérifier la choſe ; je n'oſai jamais, & durant tout le trajet, mes deux bras lui ſervirent de ceinture très-ſerrée, à la vérité, mais ſans ſe déplacer un moment. Telle femme qui lira ceci me ſouffletteroit volontiers, & n'auroit pas tort.

La gaieté du voyage & le babil de ces filles, aiguiſèrent tellement le mien, que juſqu'au ſoir & tant que nous fûmes enſemble, nous ne déparlâmes pas un moment. Elles m'avoient mis ſi bien à mon aiſe, que ma langue parloit autant que mes yeux, quoiqu'elle ne dît pas les mêmes choſes. Quelques inſtans ſeulement, quand je me trouvois tête-à-tête avec l'une ou l'autre, l'entretien s'embarraſſoit un peu ; mais l'abſente revenait bien vîte, & ne nous laiſſait pas le tems d'éclaircir cet embarras.

Arrivés à Toune, & moi bien féché, nous déjeûnâmes. Enſuite il fallut procéder à l'importante affaire de préparer le dîner. Les deux Demoiſelles tout en cuiſinant, baiſoient de tems en tems les enfans de la grangère, & le pauvre marmiton regardoit faire en rongeant ſon frein. On avoit envoyé des proviſions de la ville, & il y avoit de quoi faire un très-bon dîner, ſur-tout en friandiſes ; mais malheureuſement on avoit oublié du vin. Cet oubli n'étoit pas étonnant pour des filles qui n'en buvoient guères ; mais j'en fus fâché, car j'avois un peu compté ſur ce ſecours pour m'enhardir. Elles en furent fâchées auſſi, par la même raiſon peut-être, mais je n'en crois rien. Leur gaieté vive & charmante étoit l'innocence même, & d'ailleurs qu'euſſent-elles fait de moi entre-elles deux ? Elle envoyèrent chercher du vin par-tout aux environs ; on n'en trouva point, tant les payſans de ce canton ſont ſobres & pauvres. Comme elles m'en marquoient leur chagrin, je leur dis de n'en pas être ſi fort en peine , & qu'elles n'avoient pas befoin de vin pour m'enivrer. Ce fut la feule galanterie que j'ofai leur dire de la journée ; mais je crois que les friponnes voyoient de refte que cette galanterie étoit une vérité.

Nous dînâmes dans la cuifine de la grangère, les deux amies affifes fur des bancs aux deux côtés de la longue table , & leur hôte entre-elles deux fur une efcabelle à trois pieds. Quel dîner ! Quel fouvenir plein de charmes ! Comment pouvant à fi peu de frais goûter des plaifirs fi purs & fi vrais , vouloir en rechercher d'autres ? Jamais foupé des petites-maifons de Paris n'approcha de ce repas , je ne dis pas feulement pour la gaieté , pour la douce joie ; mais je dis pour la fenfualité.

Après le dîné nous fîmes une économie. Au lieu de prendre le café qui nous reftoit du déjeûné , nous le gardâmes pour le goûté avec de la crême & des gâteaux qu'elles avoient apportés , & pour tenir notre appétit en haleine , nous allâmes dans le verger achever notre deffert avec des cerifes. Je montai fur l'arbre & je leur en jettois des bouquets dont elles me rendoient les noyaux à travers les branches. Une fois

Mademoiselle *Galley* avançant son tablier & reculant la tête, se présentait si bien, & je visai si juste, que je lui fis tomber un bouquet dans le sein ; & de rire. Je me disois en moi-même : que mes lèvres ne sont-elles des cerises ! comme je les leur jetterois ainsi de bon cœur !

La journée se passa de cette sorte à folâtrer avec la plus grande liberté, & toujours avec la plus grande décence. Pas un seul mot équivoque, pas une seule plaisanterie hazardée ; & cette décence nous ne nous l'imposions point du tout, elle venoit toute seule, nous prenions le ton que nous donnoient nos cœurs. Enfin ma modestie, d'autres diront ma sottise, fut telle que la plus grande privauté qui m'échappa fut de baiser une seule fois la main de Mademoiselle *Galley*. Il est vrai que la circonstance donnoit du prix à cette légère faveur. Nous étions seuls, je respirois avec embarras, elle avoit les yeux baissés. Ma bouche au lieu de trouver des paroles s'avisa de se coller sur sa main, qu'elle retira doucement, après qu'elle fut baisée, en me regardant d'un air qui n'étoit point irrité. Je ne sais ce que j'aurois pu lui dire : son amie entra, & me parut laide en ce moment.

Enfin elles se souvinrent qu'il ne falloit pas attendre la nuit pour rentrer en ville. Il ne nous restoit que le tems qu'il falloit pour arriver de jour, & nous nous hâtâmes de partir, en nous distribuant comme nous étions venus. Si j'avois osé, j'aurois transposé cet ordre ; car le regard de Mademoiselle *Galley* m'avoit vivement ému le cœur ; mais je n'osai rien dire, & ce n'étoit pas à elle de le proposer. En marchant nous disions que la journée avoit tort de finir ; mais loin de nous plaindre qu'elle eût été courte, nous trouvâmes que nous avions eu le secret de la faire longue par tous les amusemens dont nous avions su la remplir.

Je les quittai à-peu-près au même endroit où elles m'avoient pris. Avec quel regret nous nous séparâmes ! Avec quel plaisir nous projettâmes de nous revoir ! Douce heures passées ensemble nous valoient des siècles de familiarité. Le doux souvenir de cette journée ne coûtait rien à ces aimables filles ; la tendre union qui regnoit entre nous trois valloit des plaisirs plus vifs, & n'eût pu subsister avec eux : nous nous aimions sans mystère & sans honte, & nous voulions nous aimer toujours ainsi. L'innocence des mœurs a sa volupté qui vaut bien l'autre, parce qu'elle n'a point d'intervalle, & qu'elle agit continuellement. Pour moi, je sais que la mémoire d'un si beau jour me touche plus, me charme plus, me revient plus au cœur que celle d'aucuns plaisirs que j'aye goûtés en ma vie. Je ne savois pas trop bien ce que je voulois à ces deux charmantes personnes, mais elles m'intéressoient beaucoup toutes deux. Je ne dis pas que si j'eusse été le maître de mes arrangemens, mon cœur se seroit partagé ; j'y sentois un peu de préférence. J'aurois fait mon bonheur d'avoir pour maîtresse Mademoiselle de *G****, mais à choix je crois que je l'aurois mieux aimée pour confidente. Quoiqu'il en soit, il me sembloit en les quittant que je ne pourrois plus vivre sans l'une & sans l'autre. Qui m'eût dit que je ne les reverrois de ma vie, & que là finiroient nos éphémères amours ?

Ceux qui liront ceci ne manqueront pas de rire de mes avantures galantes, en remarquant qu'après beaucoup de préliminaires les plus avancées finissent

par baiser la main. O mes lecteurs, ne
vous y trompez pas! J'ai peut-être eu
plus de plaisir dans mes amours en fini-
sant par cette main baisée, que vous
n'en aurez jamais dans les vôtres, en
commençant tout au moins par-là.

Venture qui s'étoit couché fort tard la
veille, rentra peu de tems après moi.
Pour cette fois, je ne le vis pas avec le
même plaisir qu'à l'ordinaire, & je me
gardai de lui dire comment j'avois passé
ma journée. Ces Demoiselles m'avoient
parlé de lui avec peu d'estime, & m'a-
voient paru mécontentes de me savoir
en si mauvaises mains ; cela lui fit tort
dans mon esprit : d'ailleurs tout ce qui
me distraisoit d'elles ne pouvoit que
m'être désagréable. Cependant il me
rappella bientôt à lui & à moi en me
parlant de ma situation. Elle étoit trop
critique pour pouvoir durer. Quoique
je dépensasse très-peu de chose, mon
petit pécule achevoit de s'épuiser ; j'é-
tois sans ressource. Point de nouvelles
de Maman ; je ne savois que devenir,
& je sentois un cruel serrement de
cœur, de voir l'ami de Mademoiselle
Galley réduit à l'aumône.

Venture me dit qu'il avoit parlé de
moi à monsieur le Juge-Mage, qu'il

vouloit m'y mener dìner le lendemain, que c'étoit un homme en état de me rendre fervice par fes amis ; d'ailleurs une bonne connoiffance à faire, un homme d'efprit & de lettres , d'un commerce fort agréable , qui avoit des talens & qui les aimoit ; puis mêlant à fon ordinaire aux chofes les plus férieufes la plus mince frivolité, il me fit voir un joli couplet venu de Paris, fur un air d'un opéra de *Mouret* qu'on jouoit alors. Ce couplet avoit plû fi fort à Monfieur *Simon*, (c'étoit le nom du Juge-Mage,) qu'il vouloit en faire un autre en réponfe fur le même air : il avoit dit à *Venture* d'en faire auffi un, & la folie prit à celui-ci de m'en faire faire un troifième ; afin, difoit-il, qu'on vìt les couplets arriver le lendemain, comme les brancards du Roman comique.

La nuit, ne pouvant dormir, je fis comme je pus mon couplet ; pour les premiers vers que j'euffe faits ils étoient paffables, meilleurs même, ou du moins faits avec plus de goût qu'ils n'auroient été la veille ; le fujet roulant fur une fituation fort tendre, à laquelle mon cœur étoit déjà tout difpofé. Je montrai le matin mon couplet à *Venture*, qui le trouvant joli le mit dans sa poche, sans me dire s'il avoit fait le sien. Nous allâmes dîner chez Monsieur *Simon*, qui nous reçut bien. La conversation fut agréable ; elle ne pouvoit manquer de l'être entre deux hommes d'esprit, à qui la lecture avoit profité. Pour moi, je faisois mon rôle ; j'écoutois & me taisois. Ils ne me parlèrent du couplet ni l'un ni l'autre ; je n'en parlai point non plus, & jamais, que je sache, il n'a été question du mien.

Monsieur *Simon* parut content de mon maintien ; c'est à-peu-près tout ce qu'il vit de moi dans cette entrevue. Il m'avoit déjà vu plusieurs fois chez Madame de *Warens*, sans faire une grande attention à moi. Ainsi c'est depuis ce dîné que je puis dater sa connoissance, qui ne me servit de rien pour l'objet qui me l'avoit fait faire, mais dont je tirai dans la suite d'autres avantages qui me font rappeller sa mémoire avec plaisir.

J'aurois tort de ne pas parler de sa figure, que, sur sa qualité de Magistrat, & sur le bel esprit dont il se piquoit, on n'imagineroit pas si je n'en disois rien. M. le Juge-Mage *Simon* n'avoit assurément pas deux pieds de

haut. Ses jambes droites, menues &
même affez longues, l'auroient agran-
di fi elles euffent été verticales ; mais
elle pofoient de biais comme celles
d'un compas très - ouvert. Son corps
étoit non-feulement court, mais mince
& en tout fens d'une petiteffe inconcevable. Il devoit paroître une fauterelle
quand il étoit nud. Sa tête, de grandeur
naturel avec un vifage bien formé, l'air
noble, d'affez beaux yeux, fembloit
une tête poftiche qu'on auroit planté
fur un moignon. Il eut pu s'exempter
de faire de la dépenfe en parure ; car
fa grande perruque feule l'habilloit parfaitement de pied en cap.

Il avoit deux voix toutes différentes,
qui s'entremêloient fans ceffe dans fa
converfation, avec un contrafte d'abord
très-plaifant, mais bientôt très-défa-
gréable. L'une étoit grave & fonore ;
c'étoit, fi j'ofe ainfi parler, la voix de
fa tête. L'autre, claire, aigue & perçan-
te, étoit la voix de fon corps. Quand il
s'écoutoit beaucoup, qu'il parloit très-
pofément, qu'il ménageoit fon haleine,
il pouvoit parler toujours de fa groffe
voix ; mais pour peu qu'il s'animât &
qu'un accent plus vif vînt fe préfenter,
cet accent devenoit comme le fiffle-

ment d'une clef , & il avoit toute la
peine du monde à reprendre ſa baſſe.

Avec la figure que je viens de peindre, & qui n'eſt point chargée , Monſieur *Simon* étoit galant , grand conteur
de fleurettes , & pouſſoit juſqu'à la co-
quetterie le ſoin de ſon ajuſtement.
Comme il cherchoit à prendre ſes avantages , il donnoit volontiers ſes audien-
ces du matin dans ſon lit ; car quand on
voyoit ſur l'oreiller une belle tête , perſonne n'alloit s'imaginer que c'étoit-là
tout. Cela donnoit lieu quelquefois à
des ſcènes dont je ſuis ſûr que tout Annecy ſe ſouvient encore.

Un matin qu'il attendoit dans ce lit ,
ou plutôt ſur ce lit , les plaideurs , en
belles coiffe de nuit bien fine & bien
blanche , ornée de deux groſſes bouf-
fettes de ruban couleur de roſe , un payſan arrive , heurte à la porte. La ſervan-
te étoit ſortie. M. le Juge-Mage entendant redoubler , crie , *entrez* : & cela ,
comme dit un peu trop fort , partit de
ſa voix aigue. L'homme entre , il cherche d'où vient cette voix de femme ,
& voyant dans ce lit une cornette , une
fontange , il veut reſſortir en faiſant à
Madame de grandes excuſes. M. *Simon*
ſe fâche & n'en crie que plus clair. Le

payſan, confirmé dans ſon idée , & ſe croyant inſulté , lui chante pouille , lúi dit qu'apparemment elle n'eſt qu'une coureuſe , & que M. le Juge-Mage ne donne guères bon exemple chez lui. Le Juge-Mage furieux & n'ayant pour toute arme que ſon pot-de-chambre , alloit le jetter à la tête de ce pauvre homme , quand ſa gouvernante arriva.

Ce petit nain ſi diſgracié dans ſon corps par la nature , en avoit été dé-dommagé du côté de l'eſprit : il l'avoit naturellement agréable , & il avoit pris ſoin de l'orner. Quoiqu'il fût, à ce qu'on diſoit, aſſez bon Juriſconſulte , il n'ai-moit pas ſon métier. Il s'étoit jetté dans la belle littérature , & il y avoit réuſſi. Il en avoit pris ſur-tout cette brillante ſuperficie , cette fleur qui jette de l'a-grément dans le commerce , même avec les femmes. Il ſavoit par cœur tous les petits traits des *ana* & autres ſembla-bles : il avoit l'art de les faire valoir , en contant avec intérêt , avec myſtère & comme une anecdote de la veille , ce qui s'étoit paſſé il y avoit ſoixante ans. Il ſavoit la muſique , & chantoit agréablement de ſa voix d'homme : enfin il avoit beaucoup de jolis talens

pour un magistrat. A force de cajoler
les Dames d'Annecy, il s'étoit mis à la
mode parmi elles, elles l'avoient à leur
suite bomme un petit sapajou. Il prétendoit même à des bonnes fortunes,
& cela les amusoit beaucoup. Une Madame d'*Epagny*, disoit que pour lui la
dernière faveur étoit de baiser une femme au genou.

Comme il connoissoit les bons livres
& qu'il en parloit volontiers, sa conversation étoit non-seulement amu-
sante, mais instructive. Dans la suite,
lorsque j'eus pris du goût pour l'étude,
je cultivai sa connoissance, & je m'en
trouvai très-bien. J'allois quelquefois le
voir de Chambery où j'étois alors. Il
louoit, animoit mon émulation, & me
donnoit pour mes lectures de bons avis,
dont j'ai souvent fait mon profit. Malheureusement dans ce corps si fluet,
logeoit une ame très-sensible. Quelques années après, il eut je ne sais quelle
mavaise affaire qui le chagrina, & il en
mourut. Ce fut dommage ; c'étoit assurément un bon petit homme, dont on
commençoit par rire, & qu'on finissoit
par aimer. Quoique sa vie ait été peu
liée à la mienne, comme j'ai reçu de

lui des leçons utiles, j'ai cru pouvoir par reconnoiſſance lui conſacrer un petit ſouvenir.

. Sitôt que je fus libre, je courus dans la rue de Mademoiſelle *Galley*, me flattant de voir entrer ou ſortir quelqu'un, ou du moins ouvrir quelque fenêtre. Rien; pas un chat ne parut, & tout le tems que je fus là, la maiſon demeura auſſi cloſe que ſi elle n'eût point été habitée. La rue étoit petite & déſerte, un homme s'y remarquoit : de tems en tems quelqu'un paſſoit, entroit ou ſortoit au voiſinage. J'étois fort embarraſſé de ma figure; il me ſembloit qu'on devinoit pourquoi j'étois là, & cette idée me mettoit au ſupplice : car j'ai toujours préféré à mes plaiſirs l'honneur & le repos de celles qui m'étoient chères.

Enfin, las de faire l'amant eſpagnol & n'ayant point de guitarre, je pris le parti d'aller écrire à Mademoiſelle de G***. J'aurois préféré d'écrire à ſon amie; mais je n'oſois, & il convenoit de commencer par celle à qui je devois la connoiſſance de l'autre, & avec qui j'étois plus familier. Ma lettre faite, j'allai la porter à Mademoiſelle *Giraud*,

comme j'en étois convenu avec ces De-
moifelles en nous féparant. Ce furent
elles qui me donnèrent cet expédient.
Mademoifelle *Giraud* étoit contre-poin-
tière, & travaillant quelquefois chez Madame *Galley*, elle avoit l'entrée de fa maifon. La meffagère ne me parut pourtant
pas trop bien choifie ; mais j'avois peur
fi je faifois des difficultés fur celle-là,
qu'on ne m'en propofât point d'autre.
De plus, je n'ofai dire qu'elle vouloit
travailler pour fon compte. Je me fentois humilié qu'elle ofât fe croire pour
moi du même fexe que ces Demoi-
felles. Enfin, j'aimois mieux cet en-
trepôt-là, que point, & je m'y tins à
tout rifque.

Au premier mot la *Giraud* me devina : cela n'étoit pas difficile. Quand
une lettre à porter à des jeunes filles
n'auroit pas parlé d'elle-même, mon
air fot & embarraffé m'auroit feul
décelé. On peut croire que cette
commiffion ne lui donna pas grand
plaifir à faire : elle s'en chargea toutefois & l'exécuta fidellement. Le lendemain matin je courus chez elle &
j'y trouvai ma réponfe. Comme je me
preffai de fortir pour l'aller lire &
baifer

baifer à mon aife ! Cela n'a pas befoin d'être dit ; mais ce qui en a befoin davantage , c'eft le parti que prit Mademoifelle *Giraud*, & où j'ai trouvé plus de délicateffe & de modération que je n'en aurois attendu d'elle. Ayant affez de bon fens pour voir qu'avec fes trente-fept ans , fes yeux de lièvre , fon nez barbouillé , fa voix aigre & fa peau noire , elle n'avoit pas beau jeu contre deux jeunes perfonnes pleines de graces & dans tout l'éclat de la beauté ; elle ne voulut ni les trahir , ni les fervir , & aima mieux me perdre que de me ménager pour elles.

Il y avoit déjà quelque tems que la *Merceret* n'ayant aucune nouvelle de fa maitreffe , fongeoit à s'en retourner à Fribourg ; elle l'y détermina toutà-fait. Elle fit plus ; elle lui fit entendre qu'il feroit bien que quelqu'un la conduisît chez fon père , & me propofa. La petite *Merceret*, à qui je ne déplaifois pas non plus , trouva cette idée fort bonne à exécuter. Elles m'en parlèrent dès le même jour comme d'une affaire arrangée , & comme je ne trouvois rien qui me déplût dans cette manière de difpofer de moi , j'y

II. Partie. B

consentis, regardant ce voyage comme une affaire de huit jours tout au plus. La *Giraud* qui ne pensa pas de même arrangea tout. Il fallut bien avouer l'état de mes finances. On y pourvut : la *Merceret* se chargea de me défrayer, & pour regagner d'un côté ce qu'elle dépensoit de l'autre, à ma prière on décida qu'elle enverroit devant son petit bagage, & que nous irions à pied à petites journées. Ainsi fut fait.

Je suis fâché de faire tant de filles amoureuses de moi. Mais comme il n'y a pas de quoi être bien vain du parti que j'ai tiré de toutes ces amours-là, je crois pouvoir dire la vérité sans scrupule. La *Merceret*, plus jeune & moins déniaisée que la *Giraud*, ne m'a jamais fait des agaceries aussi vives ; mais elle imitoit mes tons, mes accens, redisoit mes mots, avoit pour moi les attentions que j'aurois dû avoir pour elle, & prenoit toujours grand soin, comme elle étoit fort peureuse, que nous couchâssions dans la même chambre : identité qui se borne rarement là dans un voyage, entre un garçon de vingt ans & une fille de vingt-cinq.

Elle s'y borna pourtant cette fois.

Ma fimplicité fut telle que quoique
la *Merceret* ne fut pas défagréable, il
ne me vint pas même à l'efprit durant
tout le voyage, je ne dis pas la moindre
tentation galante, mais même la moindre idée qui s'y rapportât, & quand
cette idée me feroit venue, j'étois
trop fot pour en favoir profiter. Je
n'imaginois pas comment une fille &
un garçon parvenoient à coucher enfemble; je croyois qu'il falloit des
fiècles pour préparer ce terrible ar-
rangement. Si la pauvre *Merceret*, en
me défrayant, comptoit fur quelque
équivalent, elle en fut la dupe, &
nous arrivâmes à Fribourg exactement
comme nous étions partis d'Annecy.

En paffant à Genève je n'allai voir
perfonne; mais je fus prêt à me trouver
mal fur les ponts. Jamais je n'ai vu
les murs de cette heureufe ville, jamais je n'y fuis entré fans fentir une
certaine défaillance de cœur qui venoit
d'un excès d'attendriffemens. En même
tems que la noble image de la liberté
m'élevoit l'ame, celles de l'égalité,
de l'union, de la douceur des mœurs
me touchoient jufqu'aux larmes, &
m'infpiroient un vif regret d'avoir perdu
tous ces biens. Dans quelle erreur

j'étois, mais qu'elle étoit naturelle! Je croyois voir tout cela dans ma patrie, parce que je le portois dans mon cœur.

` Il falloit paſſer à Nion. Paſſer ſans voir mon bon père! Si j'avois eu ce courage, j'en ſerois mort de regret. Je laiſſai la *Merceret* à l'auberge & je l'allai voir à tout riſque. Eh! que j'avois tort de le craindre! Son ame à mon abord s'ouvrit aux ſentimens paternels dont elle étoit pleine. Que de pleurs nous verſâmes en nous embraſſant! Il crut d'abord que je revenois à lui. Je lui fis mon hiſtoire & je lui dis ma réſolution. Il la combattit foiblement. Il me fit voir les dangers auxquels je m'expoſois, me dit que les plus courtes folies étoient les meilleures. Du reſte, il n'eut pas même la tentation de me retenir de force, & en cela je trouve qu'il eut raiſon; mais il eſt certain qu'il ne fit pas pour me ramener tout ce qu'il auroit pu faire, ſoit qu'après le pas que j'avois fait il jugeât lui-même que je n'en devois pas revenir, ſoit qu'il fût embarraſſé peut-être à ſavoir ce qu'à mon âge il pourroit faire de moi. J'ai ſu depuis qu'il avoit eu de ma compagne de voyage une opinion bien injuſte & bien éloignée de la vérité, mais du reſte aſſez naturelle. Ma belle-mère, bonne femme, un peu mielleuſe, fit ſemblant de vouloir me retenir à ſouper. Je ne reſtai point; mais je leur dis que je comptois m'arrêter avec eux plus long-tems au retour, & je leur làiſſai en dépôt mon petit paquet que j'avois fait venir par le bateau, & dont j'étois embarraſſé. Le lendemain je partis de bon matin, bien content d'avoir vu mon père & d'avoir oſé faire mon devoir.

Nous arrivâmes heureuſement à Fribourg. Sur la fin du voyage les empreſſemens de Mademoiſelle *Merceret* diminuèrent un peu. Après notre arrivée elle ne me marqua plus que de la froideur, & ſon pere, qui ne nageoit pas dans l'opulence, ne me fit pas non plus un bien grand accueil; j'allai loger au cabaret. Je les fus voir le lendemain; ils m'offrirent à dîner, je l'acceptai. Nous nous ſéparâmes ſans pleurs, je retournai le ſoir à ma gargotte, & je repartis le ſurlendemain de mon arrivée, ſans trop ſavoir où j'avois deſſein d'aller.

Voilà encore une circonſtance de

ma vie où la Providence m'offroit précisément ce qu'il me falloit pour couler des jours heureux. La *Merceret* étoit une très-bonne fille, point brillante, point belle, mais point laide non plus, peu vive, fort raisonnable à quelques petites humeurs près, qui se passoient à pleurer, & qui n'avoient jamais de suite orageuse. Elle avoit un vrai goût pour moi ; j'aurois pu l'épouser sans peine, & suivre le métier de son père. Mon goût pour la musique me l'auroit fait aimer. Je me serois établi à Fribourg, petite ville peu jolie, mais peuplée de très - bonnes gens. J'aurois perdu sans doute de grands plaisirs ; mais j'aurois vécu en paix jusqu'à ma dernière heure, & je dois savoir mieux que personne qu'il n'y avoit pas à balancer sur ce marché.

Je revins, non pas à Nion, mais à Lausanne. Je voulois me rassasier de la vue de ce beau lac qu'on voit là dans sa plus grande étendue. La plûpart de mes secrets motifs déterminans n'ont pas été plus solides. Des vues éloignées ont rarement assez de force pour me faire agir. L'incertitude de l'avenir m'a toujours fait regarder les projets de longue exécution comme des leurres de dupe. Je me livre à l'espoir comme un autre, pourvu qu'il ne me coûte rien à nourrir ; mais s'il faut prendre long-tems de la peine, je n'en suis plus. Le moindre petit plaisir qui s'offre à ma portée me tente plus que les joies du Paradis. J'excepte pourtant le plaisir que la peine doit suivre : celui-là ne me tente pas, parce que je n'aime que des jouissances pures, & que jamais on n'en a de telles quand on fait qu'on s'apprête un repentir.

J'avois grand besoin d'arriver, en quelque lieu que ce fût, & le plus proche étoit le mieux ; car m'étant égaré dans ma route je me trouvai le soir à Moudon, où je dépensai le peu qui me restoit, hors dix creutzer qui partirent le lendemain à la dînée, & arrivé le soir à un petit village auprès de Lausanne, j'y entrai dans un cabaret sans un sou pour payer ma couchée, & sans savoir que devenir. J'avois grand'faim, je fis bonne contenance & je demandai à souper comme si j'eusse eu de quoi bien payer. J'allai me coucher sans songer à rien, je dormis tranquillement, & après avoir déjeûné le matin & compté avec l'hôte,

je voulus pour fept batz à quoi montoit ma dépenfe lui laiffer ma vefte en
gage. Ce brave homme la refufa ; il
me dit que graces au Ciel il n'avoit
jamais dépouillé perfonne , qu'il ne
vouloit pas commencer pour fept batz ,
que je gardaffe ma vefte & que je le
payerois quand je pourrois. Je fus touché de fa bonté , mais moins que je
ne devois l'être & que je ne l'ai été
depuis en y repenfant. Je ne tardai
guères à lui renvoyer fon argent avec
des remerciemens par un homme fûr ;
mais quinze ans après repaffant par
Laufanne à mon retour d'Italie , j'eus
un vrai regret d'avoir oublié le nom
du cabaret & de l'hôte. Je l'aurois été
voir. Je me ferois fait un vrai plaifir
de lui rappeller fa bonne œuvre , &
de lui prouver qu'elle n'avoit pas été
mal placée. Des fervices plus impor-
tans fans doute , mais rendus avec plus
d'oftentation , ne m'ont pas paru fi
dignes de reconnoiffance que l'huma-
nité fimple & fans éclat de cet honnête homme.

En approchant de Laufanne je rê-
vois à la détreffe où je me trouvois,
aux moyens de m'en tirer fans aller
montrer ma mifère à ma belle-mère,

& je me comparois dans ce pélerinage pédeftre à mon ami *Venture* arrivant à Annecy. Je m'échauffai fi bien de cette idée, que, fans fonger que je n'avois ni fa gentilleffe ni fes talens, je me mis en tête de faire à Laufanne le petit *Venture*, d'enfeigner la mufique que je ne favois pas, & de me dire de Paris où je n'avois jamais été. En conféquence de ce beau projet, comme il n'y avoit point là de maîtrife où je puffe vicarier, & que d'ailleurs je n'avois garde d'aller me fourrer parmi les gens de l'art, je commençai par m'informer d'une petite auberge où l'on pût être affez bien & à bon marché. On m'enfeigna un nommé *Perrotet*, qui tenoit des penfionnaires. Ce *Perrotet* fe trouva être le meilleur homme du monde, & me reçut fort bien. Je lui contai mes petits menfonges comme je les avois arrangées. Il me promit de parler de moi & de tâcher de me procurer des écoliers ; il me dit qu'il ne me demanderoit de l'argent que quand j'en aurois gagné. Sa penfion étoit de cinq écus blancs ; ce qui étoit peu pour la chofe, mais beaucoup pour moi. Il me confeilla de ne me mettre d'abord qu'à la demi-pension, qui consistoit pour le dîner en une bonne soupe & rien de plus, mais bien à souper le soir. J'y consentis. Ce pauvre *Perrotet* me fit toutes ces avances du meilleur cœur du monde, & n'épargnoit rien pour m'être utile.

Pourquoi faut-il qu'ayant trouvé tant de bonnes gens dans ma jeunesse j'en trouve si peu dans un âge avancé, leur race est-elle épuisée? Non; mais l'ordre où j'ai besoin de les chercher aujourd'hui n'est plus le même où je les trouvois alors. Parmi le peuple où les grandes passions ne parlent que par intervalles, les sentimens de la nature se font plus souvent entendre. Dans les états plus élevés ils sont étouffés absolument, & sous le masque du sentiment il n'y a jamais que l'intérêt ou la vanité qui parle.

J'écrivis de Lausanne à mon père qui m'envoya mon paquet, & me marqua d'excellentes choses dont j'aurois dû mieux profiter. J'ai déjà noté des momens de délire inconcevables où je n'étois plus moi-même. En voici encore un des plus marqués. Pour comprendre à quel point la tête me tournoit alors, à quel point je m'étois pour ainſi dire venturiſé, il ne faut que voir combien tout à la fois j'accumulai d'extravagances. Me voilà maître-à-chanter ſans ſavoir déchiffrer un air ; car quand les ſix mois que j'avois paſſés avec le *Maître* m'auroient profité, jamais ils n'auroient pu ſuffire ; mais outre cela j'apprenois d'un maître, c'en étoit aſſez pour apprendre mal. Pariſien de Genève & catholique en pays proteſtant, je crus devoir changer mon nom, ainſi que ma religion & ma patrie. Je m'approchois toujours de mon grand modèle autant qu'il m'étoit poſſible. Il s'étoit appellé *Venture* de Villeneuve ; moi je fis l'anagramme du nom de *Rouſſeau* dans celui de *Vauſſore*, & je m'appellai *Vauſſore* de Villeneuve. *Venture* ſavoit la compoſition, quoiqu'il n'en eût rien dit ; moi, ſans la ſavoir, je m'en vantai à tout le monde, & ſans pouvoir noter le moindre vaudeville, je me donnai pour compoſiteur. Ce n'eſt pas tout : ayant été preſenté à Monſieur de *Treytorens*, Profeſſeur en Droit, qui aimoit la muſique & faiſoit des concerts chez lui, je voulus lui donner un échantillon de mon talent, & je me mis à compoſer une pièce pour ſon concert, auſſi effrontément

que ſi j'avois ſu comment m'y prendre.
J'eus la conſtance de travailler pendant quinze jours à ce bel ouvrage,
de le mettre au net, d'en tirer les parties, & de les diſtribuer avec autant
d'aſſurance que ſi c'eût été un chef-
d'œuvre d'harmonie. Enfin, ce qu'on
aura peine à croire, & qui eſt très-
vrai, pour couronner dignement cette
ſublime production, je mis à la fin un
joli menuet qui couroit les rues, &
que tout le monde ſe rappelle peut-
être encore ſur ces paroles jadis ſi
connues :

> Quel caprice !
> Quelle injuſtice !
> Quoi, ta Clarice
> Trahiroit tes feux, &c.

Venture m'avoit appris cet air avec
la baſſe ſur d'autres paroles, à l'aide
deſquelles je l'avois retenu. Je mis donc
à la fin de ma compoſition ce menuet
& ſa baſſe en ſupprimant les paroles,
& je le donnai pour être de moi, tout
auſſi réſolument que ſi j'avois parlé à
des habitans de la lune.

On s'aſſemble pour exécuter ma
pièce. J'explique à chacun le genre du

mouvement, le goût de l'exécution, les renvois des parties ; j'étois fort affairé. On s'accorde pendant cinq ou six minutes qui furent pour moi cinq ou six siècles. Enfin tout étant prêt, je frappe avec un beau rouleau de papier sur mon pupitre magistral les cinq ou six coups du *prenez garde à vous*. On fait silence, je me mets gravement à battre la mesure, on commence.... Non, depuis qu'il existe des opéras françois, de la vie on n'ouït un semblable charivari. Quoiqu'on eût pu penser de mon prétendu talent, l'effet fut pire que tout ce qu'on sembloit attendre. Les musiciens étouffoient de rire ; les auditeurs ouvroient de grands yeux, & auroient bien voulu fermer les oreilles ; mais il n'y avoit pas moyen. Mes bourreaux de symphonistes qui vouloient s'égayer, racloient à percer le tympan d'un quinze-vingt. J'eus la constance d'aller toujours mon train, suant, il est vrai, à grosses gouttes ; mais retenu par la honte, n'osant m'enfuir & tout planter là. Pour ma consolation, j'entendois autour de moi les assistans se dire à leur oreille, ou plutôt à la mienne : L'un, il n'y a rien là de supportable ; un autre, quelle musique

enragée ? Un autre, quel diable de fa-
bat ? Pauvre *Jean - Jacques*, dans ce
cruel moment tu n'efpérois guères
qu'un jour devant le Roi de France
& toute fa Cour, tes fons exciteroient
des murmures de furprife & d'applau-
diffement, & que dans toutes les loges
autour de toi les plus aimables femmes fe diroient à demi-voix : quels fons
charmans ! quelle mufique enchante-
reffe ! Tous ces fons-là vont au cœur.

Mais ce qui mit tout le monde de
bonne humeur, fut le menuet. A peine
en eût-on joué quelques mefures, que
j'entendis partir de toutes parts les éclats
de rire. Chacun me félicitoit fur mon
joli goût de chant ; on m'affuroit que
ce menuet feroit parler de moi, & que
je méritois d'être chanté par-tout. Je
n'ai pas befoin de dépeindre mon an-
goiffe, ni d'avouer que je la méritois
bien.

Le lendemain, l'un de mes fympho-
niftes, appellé *Lutold*, vint me voir,
& fut affez bon homme pour ne pas
me féliciter fur mon fuccès. Le profond fentiment de ma fottife, la honte,
le regret, le défefpoir de l'état où j'é-
tois réduit, l'impoffibilité de tenir mon
cœur fermé dans fes grandes peines,

me firent ouvrir à lui ; je lâchai la bonde à mes larmes , & au lieu de me contenter de lui avouer mon ignorance , je lui dis tout , en lui demandant le fecret qu'il me promit , & qu'il me garda , comme on peut le croire. Dès le même foir , tout Laufanne fut qui j'étois , & ce qui eft remarquable , perfonne ne m'en fit femblant , pas même le bon *Perrotet* , qui , pour tout cela , ne fe rebuta pas de me loger & de me nourrir.

Je vivois , mais bien triftement. Les fuites d'un pareil début ne firent pas pour moi de Laufanne un féjour fort agréable. Les écoliers ne fe préfentoient pas en foule ; pas une feule écolière , & perfonne de la ville. J'eus en tout deux ou trois gros Teutches auffi ftupides que j'étois ignorant , qui m'ennuyoient à mourir , & qui dans mes mains ne devinrent pas de grands croque-notes. Je fus appellé dans une feule maifon où un petit ferpent de fille fe donna le plaifir de me montrer beaucoup de mufique dont je ne pus pas lire une note , & qu'elle eut la malice de chanter enfuite devant M. le maître , pour lui montrer comment cela s'exécutoit. J'étois fi peu en état de lire un air de première vue, que, dans le brillant concert dont j'ai parlé, il ne me fut pas poſſible de ſuivre un moment l'exécution, pour ſavoir ſi l'on jouoit bien ce que j'avois ſous les yeux, & que j'avois compoſé moi-même.

Au milieu de tant d'humiliations, j'avois des conſolations très-douces dans les nouvelles que je recevois de tems en tems des deux charmantes amies. J'ai toujours trouvé dans le ſexe une grande vertu conſolatrice, & rien n'adoucit plus mes afflictions dans mes diſgraces que de ſentir qu'une perſonne aimable y prend intérêt. Cette correſpondance ceſſa pourtant bientôt après, & ne fut jamais renouée ; mais ce fut ma faute. En changeant de lieu, je négligeai de leur donner mon adreſſe, & forcé par la néceſſité de ſonger continuellement à moi-même, je les oubliai bientôt entièrement.

Il y a long-tems que je n'ai parlé de ma pauvre Maman ; mais ſi l'on croit que je l'oubliois auſſi, l'on ſe trompe fort. Je ne ceſſois de penſer à elle & de deſirer de la retrouver, non-ſeulement pour le beſoin de ma ſubſiſtance, mais bien plus pour le beſoin de mon cœur. Mon attachement pour elle,

quelque vif, quelque tendre qu'il fût,
ne m'empêchoit pas d'en aimer d'autres ; mais ce n'étoit pas de la même
façon. Toutes devoient également ma
tendreffe à leurs charmes ; mais elle
tenoit uniquement à ceux des autres,
& ne leur eut pas furvécu : au lieu
que Maman pouvoit devenir vieille &
laide, fans que je l'aimaffe moins tendrement. Mon cœur avoit pleinement
tranfinis à fa perfonne l'hommage qu'il
fit d'abord à fa beauté, & quelque
changement qu'elle éprouvât, pourvu
que ce fût toujours elle, mes fentimens
ne pouvoient changer. Je fais bien que
je lui devois de la reconnoiffance ; mais
en verité je n'y fongeois pas. Quoiqu'elle eût fait ou n'eût pas fait pour
moi, c'eût été toujours la même chofe.
Je ne l'aimois ni par devoir, ni par intérêt, ni par convenance ; je l'aimois
parce que j'étois né pour l'aimer. Quand
je devenois amoureux de quelque autre,
cela faifoit diftraction, je l'avoue, &
je penfois moins fouvent à elle ; mais
j'y penfois avec le même plaifir, &
jamais, amoureux ou non, je ne me
fuis occupé d'elle fans fentir qu'il ne
pouvoit y avoir pour moi de vrai bon-

heur-dans la vie, tant que j'en ferois féparé.

N'ayant point de fes nouvelles depuis fi long-tems, je ne crus jamais que je l'euffe tout-à-fait perdue, ni qu'elle eût pu m'oublier. Je me difois : elle faura tôt ou tard que je fuis errant, & me donnera quelque figne de vie ; je la retrouverai, j'en fuis certain. En attendant, c'étoit une douceur pour moi d'habiter fon pays, de paffer dans les rues où elle avoit paffé, devant les maifons où elle avoit demeurée, & le tout par conjecture ; car une de mes ineptes bifarreries étoit de n'ofer m'informer d'elle, ni prononcer fon nom fans la plus abfolue néceffité. Il me fembloit qu'en la nommant je difois tout ce qu'elle m'infpiroit, que ma bouche révéloit le fecret de mon cœur, que je la compromettois en quelque forte. Je crois même qu'il fe mêloit à cela quelque frayeur qu'on ne me dît du mal d'elle. On avoit parlé beaucoup de fa démarche & un peu de fa conduite. De peur qu'on n'en dît pas ce que je voulois entendre, j'aimois mieux qu'on n'en parlât point du tout.

Comme mes écoliers ne m'occu-

poient pas beaucoup, & que fa ville
natale n'étoit qu'à quatre lieues de Laufanne, j'y fis une promenade de deux
ou trois jours, durant lefquels la plus
douce émotion ne me quitta point.
L'afpeĉt du lac de Genève & de fes
admirables côtes eut toujours à mes
yeux un attrait particulier que je ne
faurois expliquer, & qui ne tient pas
feulement à la beauté du fpeĉtacle,
mais à je ne fais quoi de plus intéreffant qui m'affeĉte & m'attendrit. Toutes
les fois que j'approche du Pays-de-
Vaud, j'éprouve une impreffion com-
pofée du fouvenir de Madame de *Warens* qui y eft née, de mon père qui
y vivoit, de Mademoifelle de *Vulfon*
qui y eut les prémices de mon cœur,
de plufieurs voyages de plaifir que j'y
fis dans mon enfance, &, ce me femble, de quelque autre caufe encore
plus fecrette & plus forte que tout cela.
Quand l'ardent defir de cette vie heureufe & douce qui me fuit & pour laquelle j'étois né vient enflammer mon
imagination, c'eft toujours au Pays-de-
Vaud, près du lac, dans des campagnes charmantes qu'elle fe fixe. Il me
faut abfolument un verger au bord de
ce lac & non pas d'un autre ; il me

faut un ami sûr, une femme aimable, une vache & un petit bateau. Je ne jouirai d'un bonheur parfait sur la terre que quand j'aurai tout cela. Je ris de la simplicité avec laquelle je suis allé plusieurs fois dans ce pays-là, uniquement pour y chercher ce bonheur imaginaire. J'étois toujours surpris d'y trouver les habitans, sur-tout les femmes, d'un tout autre caractère que celui que j'y cherchois. Combien cela me sembloit disparate ! Le pays & le peuple dont il est couvert, ne m'ont jamais paru faits l'un pour l'autre.

Dans ce voyage de Vevay, je me livrois, en suivant ce beau rivage, à la plus douce mélancolie. Mon cœur s'élançoit avec ardeur à mille félicités innocentes ; je m'attendrissois, je soupirois & pleurois comme un enfant. Combien de fois, m'arrêtant pour pleurer à mon aise, assis sur une grosse pierre, je me suis amusé à voir tomber mes larmes dans l'eau ?

J'allai à Vevay loger à la clef, & pendant deux jours que j'y restai sans voir personne, je pris pour cette ville un amour qui m'a suivi dans tous mes voyages, & qui m'y a fait établir enfin les Héros de mon Roman. Je dirois

volontiers à ceux qui ont du goût &
qui font fenfibles : allez à Vevay, vi-
fitez le pays, examinez les fites, pro-
menez-vous fur le lac, & dites fi la
Nature n'a pas fait ce beau pays pour
une *Julie*, pour une *Claire* & pour un
Saint-Preux ; mais ne les y cherchez
pas. Je reviens à mon hiftoire.

Comme j'étois catholique & que je
me donnois pour tel, je fuivois fans
myftère & fans fcrupule le culte que
j'avois embraffé. Les Dimanches quand
il faifoit beau, j'allois à la Meffe à Af-
fans, à deux lieues de Laufanne. Je
faifois ordinairement cette courfe avec
d'autres catholiques, fur-tout avec un
Brodeur Parifien, dont j'ai oublié le
nom. Ce n'étoit pas un Parifien comme
moi ; c'étoit un vrai Parifien de Paris,
un archiparifien du bon Dieu, bon
homme comme un Champenois. Il
aimoit fi fort fon pays qu'il ne voulut
jamais douter que j'en fuffe, de peur
de perdre cette occafion d'en parler.
M. de Crouzas, Lieutenant Baillival,
avoit un jardinier de Paris auffi ; mais
moins complaifant, & qui trouvoit la
gloire de fon pays compromife à ce
qu'on ofât fe donner pour en être,
lorfqu'on n'avoit pas cet honneur. Il

me queſtionnoit de l'air d'un homme
ſûr de me prendre en faute, & puis
ſourioit malignement. Il me demanda
une fois ce qu'il y avoit de remarquable
au marché-neuf. Je battis la campagne,
comme on peut le croire. Après avoir
paſſé vingt ans à Paris, je dois à préſent connoître cette ville. Cependant
ſi l'on me faiſoit aujourd'hui pareille
queſtion, je ne ſerois pas moins embarraſſé d'y répondre, & de cet embarras on pourroit auſſi-bien conclure
que je n'ai jamais été à Paris. Tant
lors même qu'on rencontre la vérité,
l'on eſt ſujet à ſe fonder ſur des principes trompeurs !

Je ne ſaurais dire exactement combien de tems je demeurai à Lauſanne.
Je n'apportai pas de cette ville des
ſouvenirs bien rappellans. Je ſais ſeulement que n'y trouvant pas à vivre,
j'allai de-là à Neufchatel & que j'y paſ-
ſai l'hiver. Je réuſſis mieux dans cette
dernière ville ; j'y eus des écoliers, &
j'y gagnai de quoi m'acquitter avec
mon bon ami *Perrotet*, qui m'avait fidellement envoyé mon petit bagage,
quoique je lui reduſſe aſſez d'argent.

J'apprenois inſenſiblement la muſi-
ſique en l'enſeignant. Ma vie étoit

affez douce ; un homme raifonnable eût pu s'en contenter : mais mon cœur inquiet me demandoit autre chofe. Les dimanches & les jours où j'étois libre j'allois courir les campagnes & les bois des environs, toujours errant, rêvant, foupirant , & quand j'étois une fois forti de la ville je n'y rentrois plus que le foir. Un jour étant à Boudry j'entrai pout dîner dans un cabaret : j'y vis un homme à grande barbe avec un habit violet à la grecque , un bonnet fourré , l'équipage & l'air affez noble , & qui fouvent avoit peine à fe faire entendre , ne parlant qu'un jargon prefque indéchiffrable , mais plus reffemblant à l'Italien qu'à nulle autre langue. J'entendois prefque tout ce qu'il difoit & j'étois le feul ; il ne pouvoit s'énoncer que par fignes avec l'hôte & les gens du pays. Je lui dis quelques mots en Italien qu'il entendit parfaitement ; il fe leva & vint m'embraffer avec tranfport. La liaifon fut bientôt faite , & dès ce moment je lui fervis de truchement. Son dîné étoit bon , le mien étoit moins que médiocre ; il m'invita de prendre part au fien , je fis peu de façon. En buvant & baragouinant nous achevâmes de nous familiarifer, & dès la fin du repas nous devînmes inféparables. Il me conta qu'il étoit Prélat Grec, & Archimandrite de Jérufalem ; qu'il étoit chargé de faire une quête en Europe pour le rétabliffement du faint Sépulcre. Il me montra de belles patentes de la Czarine & de l'Empereur ; il en avoit de beaucoup d'autres Souverains Il étoit affez content de ce qu'il avoit amaffé jufqu'à-lors ; mais il avait eu des peines incroyables en Allemagne, n'entendant pas un mot d'Allemand, de Latin ni de Français, & réduit à fon Grec, au Turc & à la langue Franque pour toute reffource ; ce qui ne lui en procuroit pas beaucoup dans le pays où il s'étoit enfourné. Il me propofa de l'accompagner pour lui fervir de fécrétaire & d'interprête. Malgré mon petit habit violet nouvellement acheté & qui ne quadroit pas mal avec mon nouveau pofte, j'avois l'air fi peu étoffé qu'il ne me crut pas difficile à gagner, & il ne fe trompa point. Notre accord fut bientôt fait ; je ne demandois rien, & il promettoit beaucoup. Sans caution, fans fûreté, fans connoiffance,

je

je me livre à fa conduite, & dès le lendemain me voilà parti pour Jérufalem.

Nous commençâmes notre tournée par le canton de Fribourg, où il ne fit pas grand chofe. La dignité épifcopale ne permettait pas de faire le mendiant & de quêter aux particuliers ; mais nous préfentâmes fa commiffion au Sénat, qui lui donna une petite fomme. De-là nous fûmes à Berne. Nous logeâmes au Faucon, bonne auberge alors, où l'on trouvoit bonne compagnie. La table étoit nombreufe & bien fervie. Il y avait long-tems que je faifais mauvaife chère ; j'avois grand befoin de me refaire ; j'en avois l'occafion, & j'en profitai. Monfeigneur l'Archimandrite étoit lui-même un homme de bonne compagnie, aimant affez à tenir table, gai, parlant bien pour ceux qui l'entendoient, ne manquant pas de certaines connoiffances, & plaçant fon érudition grecque avec affez d'agrément. Un jour caffant au deffert des noifettes, il fe coupa le doigt fort avant, & comme le fang fortait avec abondance, il montra fon doigt à la compagnie, & dit en riant : *mirate, fignori ; quefto è fangue Pelafgo.*

II. *Partie.*   C

A Berne mes fonctions ne lui furent pas inutiles, & je ne m'en tirai pas aussi mal que j'avois craint. J'étois bien plus hardi & mieux parlant que je n'aurois été pour moi-même. Les choses ne se passèrent pas aussi simplement qu'à Fribourg. Il fallut de longues & fréquentes conférences avec les premiers de l'Etat, & l'examen de ses titres ne fut pas l'affaire d'un jour. Enfin tout étant en règle, il fut admis à l'audience du Sénat. J'entrai avec lui comme son interprête, & l'on me dit de parler. Je ne m'attendois à rien moins, & il ne m'étoit pas venu dans l'esprit qu'après avoir long-tems conféré avec les membres, il fallut s'adresser au Corps comme si rien n'eût été dit. Qu'on juge de mon embarras! Pour un homme aussi honteux, parler, non-seulement en public, mais devant le Sénat de Berne, & parler impromptu sans avoir une seule minute pour me préparer ; il y avoit là de quoi m'anéantir. Je ne fus pas même intimidé. J'exposai succintement & nettement la commission de l'Archimandrite. Je louai la piété des Princes qui avaient contribué à la collecte qu'il étoit venu faire. Piquant d'émulation celle de Leurs Excellences,

je dis qu'il n'y avoit pas moins à espérer de leur munificence accoutumée,
& puis tâchant de prouver que cette
bonne œuvre en étoit également une
pour tous les chrétiens sans distinction
de secte, je finis par promettre les bé-
nédictions du Ciel à ceux qui voudroient y prendre part. Je ne dirai pas
que mon discours fit effet ; mais il est
sûr qu'il fut goûté, & qu'au sortir de
l'audience l'Archimandrite reçut un
présent fort honnête, & de plus, sur
l'esprit de son secrétaire, des compli-
mens dont j'eus l'agréable emploi d'ê-
tre le truchement ; mais que je n'osai
lui rendre à la lettre. Voilà la seule
fois de ma vie que j'aye parlé en public
& devant un souverain, & la seule fois
aussi, peut-être, que j'ai parlé hardi-
ment & bien. Quelle différence dans
les dispositions du même homme ! Il
y a trois ans qu'étant allé voir à Yver-
dun mon vieux ami M. *Roguin*, je reçus
une députation pour me remercier de
quelques livres que j'avois donnés à la
bibliothèque de cette ville. Les Suisses
sont grands harangueurs ; ces Messieurs
me haranguèrent. Je me crus obligé de
répondre ; mais je m'embarrassai tellement dans ma réponse, & ma tête se

brouilla si bien, que je restai court &
me fis moquer de moi. Quoique timide
naturellement, j'ai été hardi quelquefois dans ma jeunesse, jamais dans mon
âge avancé. Plus j'ai vu le monde,
moins j'ai pu me faire à son ton.

Partis de Berne, nous allâmes à Soleurre ; car le dessein de l'Archimandrite étoit de reprendre la route d'Allemagne, & de s'en retourner par la
Hongrie ou par la Pologne, ce qui faisoit une route immense ; mais comme
chemin faisant sa bourse s'emplissoit,
plus qu'elle ne se vuidoit, il craignoit
peu les détours. Pour moi, qui me plaisois presque autant à cheval qu'à pied,
je n'aurois pas mieux demandé que de
voyager ainsi toute ma vie : mais il étoit
écrit que je n'irois pas si loin.

La première chose que nous fîmes
arrivant à Soleurre, fut d'aller saluer
M. l'Ambassadeur de France. Malheureusement pour mon Evêque, cet
Ambassadeur étoit le Marquis de *Bonac*, qui avoit été Ambassadeur à la
Porte, & qui devoit être au fait de
tout ce qui regardoit le Saint Sépulcre.
L'Archimandrite eut une audience d'un
quart-d'heure où je ne fus pas admis,
parce que M. l'Ambassadeur entendoit

la langue Franque & parloit l'Italien
du moins aussi bien que moi. A la sortie de mon Grec je voulus le suivre ;
on me retint : ce fut mon tour. M'é-
tant donné pour Parisien, j'étois comme
tel sous la jurisdiction de Son Excellence. Elle me demanda qui j'étois,
m'exhorta de lui dire la vérité ; je lui
promis, en lui demandant une audience
particulière qui me fut accordée. Monsieur l'Ambassadeur m'emmena dans
son cabinet dont il ferma sur nous la
porte, & là, me jettant à ses pieds,
je lui tins parole. Je n'aurois pas moins
dit quand je n'aurois rien promis ; car
un continuel besoin d'épanchement met
à tout moment mon cœur sur mes lèvres, & après m'être ouvert sans réserve au musicien *Lutold*, je n'avois
garde de faire le mystérieux avec le
Marquis de *Bonac*. Il fut si content de
ma petite histoire & de l'effusion de
cœur avec laquelle il vit que je l'avois
contée, qu'il me prit par la main, entra chez Madame l'Ambassadrice, &
me présenta à elle en lui faisant un
abrégé de mon récit. Madame de *Bonac*
m'accueillit avec bonté & dit qu'il ne
falloit pas me laisser aller avec ce moine

Grec. Il fut réfolu que je refterois à l'hôtel en attendant qu'on vît ce qu'on pourroit faire de moi. Je voulus aller faire mes adieux à mon pauvre Archimandrite, pour lequel j'avois conçu de l'attachement: on ne me le permit pas. On envoya lui fignifier mes arrêts, & un quart-d'heure après je vis arriver mon petit fac. M. de la *Martiniere*, fecretaire d'ambaffade, fut en quelque façon chargé de moi. En me conduifant dans la chambre qui m'étoit deftinée, il me dit: cette chambre a été occupée fous le Comte Du Luc par un homme célèbre, du même nom que vous. Il ne tient qu'à vous de le remplacer de toutes manières, & de faire dire un jour: *Rouffeau* premier, *Rouffeau* fecond. Cette conformité, qu'alors je n'efpérois guères, eut moins flatté mes defirs, fi j'avois pu prévoir à quel prix je l'acheterois un jour.

Ce que m'avoit dit M. de la *Martiniere* me donna de la curiofité. Je lus les ouvrages de celui dont j'occupois la chambre, & fur le compliment qu'on m'avoit fait, croyant avoir du goût pour la poéfie, je fis pour mon coup d'effai une cantate à la louange de Ma-

dame de *Bonac*. Ce goût ne fe foutint
pas. J'ai fait de tems en tems de mé-
diocres vers; c'eft un exercice affez bon
pour fe rompre aux inverfions élé-
gantes & apprendre à mieux écrire en
profe; mais je n'ai jamais trouvé dans
la poéfie françoife affez d'attrait pour
m'y livrer tout-à fait.

M. de la *Martiniere* voulut voir de
mon ftyle & me demanda par écrit le
même détail que j'avois fait à M. l'Ambaffadeur. Je lui écrivis une longue
lettre que j'apprends avoir été confer-
vée par M. de *Marianne*, qui étoit attaché depuis long-tems au Marquis de
Bonac, & qui depuis a fuccédé à M. de
la *Martiniere* fous l'ambaffade de M. de
Courteilles. J'ai prié M. de *Malesherbes*
de tâcher de me procurer une copie de
cette lettre. Si je puis l'avoir par lui
ou par d'autres, on la trouvera dans le
recueil qui doit accompagner mes Con-
feffions.

L'expérience que je commençois d'a-
voir, modéroit peu-à-peu mes projets
romanefques, & par exemple, non-
feulement je ne devins point amoureux de Madame de *Bonac*; mais je
fentis d'abord que je ne pouvois faire
un grand chemin dans la maifon de

son mari. M. de la *Martiniere* en place,
& M. de *Marianne*, pour ainſi dire, en
ſurvivance, ne me laiſſoient eſpérer
pour toute fortune qu'un emploi de
ſous-ſecrétaire, qui ne me tentoit pas
infiniment, Cela fit que quand on me
conſulta ſur ce que je voulois faire, je
marquai beaucoup d'envie d'aller à
Paris. M. l'Ambaſſadeur goûta cette
idée, qui tendoit au moins à le débar-
raſſer de moi. M. de *Merveilleux*, ſecrétaire interprète de l'ambaſſade, dit
que ſon ami M. *Godard*, Colonel
Suiſſe au ſervice de France, cherchoit
quelqu'un pour mettre auprès de ſon
neveu qui entroit fort jeune au ſervice,
& penſa que je pourrois lui convenir.
Sur cette idée, aſſez légèrement priſe,
mon départ fut réſolu, & moi qui
voyois un voyage à faire & Paris au
bout, j'en fus dans la joie de mon
cœur. On me donna quelques lettres,
cent francs pour mon voyage, accompagnés de force bonnes leçons, & je
partis.

Je mis à ce voyage une quinzaine de
jours que je peux compter parmi les
heureux de ma vie. J'étois jeune, je me
portois bien, j'avois aſſez d'argent,
beaucoup d'eſpérance, je voyageois à

pied , & je voyageois feul. On feroit
étonné de me voir compter un pareil
avantage , fi déjà l'on n'avoit dû fe familiarifer avec mon humeur. Mes douces chimères me tenoient compagnie, &
jamais la chaleur de mon imagination
n'en enfanta de plus magnifiques. Quand
on m'offriroit quelque place vuide dans
une voiture, ou que quelqu'un m'ac-
coftoit en route, je rechignois de voir
renverfer la fortune dont je bâtiffois
l'édifice en marchant. Cette fois mes
idées étoient martiales. J'allois m'attacher à un militaire & devenir militaire
moi-même ; car on avoit arrangé que
je commencerois par être cadet. Je
croyois déjà me voir en habit d'officier
avec un beau plumet blanc. Mon cœur
s'enfloit à cette noble idée. J'avois quelque teinture de géométrie & de fortifications ; j'avois un oncle ingénieur ;
j'étois en quelque forte enfant de la
balle. Ma vue courte offroit un peu
d'obftacle , mais qui ne m'embarraffoit
pas ; & je comptois bien, à force de
fang-froid & d'intrépidité, fuppléer à ce
défaut. J'avois lu que le Maréchal
Schomberg avoit la vue très-courte ;
pourquoi le Maréchal *Rouffeau* ne l'au-
roit-il pas ? Je m'échauffois tellement

sur ces folies, que je ne voyois plus que troupes, remparts, gabions, batteries, & moi au milieu du feu & de la fumée, donnant tranquillement mes ordres la lorgnette à la main. Cependant quand je paſſois dans des campagnes agréables, que je voyois des boccages & des ruiſſeaux ; ce touchant aſpect me faiſois ſoupirer de regret ; je ſentois au milieu de ma gloire que mon cœur n'étoit pas fait pour tant de fracas, & bientôt, ſans ſavoir comment, je me retrouvois au milieu de mes chères bergeries, renonçant pour jamais aux travaux de Mars.

Combien l'abord de Paris démentit l'idée que j'en avois ! La décoration extérieure que j'avois vue à Turin, la beauté des rues, la ſymétrie & l'alignement des maiſons me faiſoient chercher à Paris autre choſe encore. Je m'étois figuré une ville auſſi belle que grande, de l'aſpect le plus impoſant, où l'on ne voyoit que de ſuperbes rues, des palais de marbre & d'or. En entrant par le fauxbourg Saint-Marceau, je ne vis que de petites rues ſales & puantes, de vilaines maiſons noires, l'air de la malpropreté, de la pauvreté, des mendians, des charretiers, des ravaudeuſes, des crieuſes de tiſanne & de vieux

chapeaux. Tout cela me frappa d'abord
à tel point que tout ce que j'ai vu depuis à Paris de magnificence réelle, n'a
pu détruire cette première impreffion,
& qu'il m'en eft refté toujours un fecret
dégoût pour l'habitation de cette capi-
tale. Je puis dire que tout le tems que
j'y ai vécu dans la fuite, ne fut employé qu'à y chercher des reffources
pour me mettre en état d'en vivre éloigné. Tel eft le fruit d'une imagination
trop active, qui exagère par-deffus l'exa-
gération des hommes, & voit toujours
plus que ce qu'on lui dit. On m'avoit
tant vanté Paris, que je me l'étois figuré comme l'ancienne Babylone, dont
je trouverois peut-être autant à rabat-
tre, fi je l'avois vue, du portrait que je
m'en fuis fait. La même chofe m'arriva
à l'Opéra où je me preffai d'aller le lendemain de mon arrivée ; la même chofe
m'arriva dans la fuite à Verfailles, dans
la fuite encore en voyant la mer, & la
même chofe m'arrivera toujours en
voyant des fpectacles qu'on m'aura trop
annoncés : car il eft impoffible aux hommes & difficile à la nature elle-même,
de paffer en richeffes mon imagination.

A la manière dont je fus reçu de tous

ceux pour qui j'avois des lettres, je crus ma fortune faite. Celui à qui j'étois le plus recommandé & qui me caressa le moins, étoit M. de *Surbeck*, retiré du service & vivant philosophiquement à Bagneux, où je fus le voir plusieurs fois & où jamais il ne m'offrit un verre d'eau. J'eus plus d'accueil de Madame de *Merveilleux*, belle-sœur de l'Interprête, & de son neveu Officier aux Gardes. Non-seulement la mère & le fils me reçurent bien, mais ils m'offrirent leur table, dont je profitai souvent durant mon séjour à Paris. Madame de *Merveilleux* me parut avoir été belle, ses cheveux étoient d'un beau noir & faisoient à la vieille mode le crochet sur ses tempes. Il lui restoit, ce qui ne périt point avec les attraits, un esprit très-agréable. Elle me parut goûter le mien, & fit tout ce qu'elle put pour me rendre service ; mais personne ne la seconda, & je fus bientôt désabusé de tout ce grand intérêt qu'on avoit paru prendre à moi. Il faut pourtant rendre justice aux François ; ils ne s'épuisent point tant qu'on dit en protestations, & celles qu'ils font sont presque toujours sincères ; mais ils ont une manière de paroître s'intéresser à vous qui trompe

plus que de paroles. Les gros compli-
mens des Suisses n'en peuvent impoſer
qu'à des ſots. Les manières des François ſont plus ſéduiſantes en cela même
qu'elles ſont plus ſimples ; on croiroit
qu'ils ne vous diſent pas tout ce qu'ils
veulent faire , pour vous ſurprendre
plus agréablement. Je dirai plus ; ils ne
ſont point faux dans leurs démonſtrations ; ils ſont naturellement officieux,
humains , bienveillans , & même , quoiqu'on en diſe , plus vrais qu'aucune autre nation ; mais ils ſont légers & vo-
lages. Ils ont en effet le ſentiment qu'ils
vous-témoignent ; mais ce ſentiment
s'en va comme il eſt venu. En vous parlant ils ſont pleins de vous ; ne vous
voyent-ils plus , ils vous oublient. Rien
n'eſt permanent dans leur cœur : tout eſt
chez eux l'œuvre du moment.

Je fus donc beaucoup flatté & peu
ſervi. Ce Colonel *Godard,* au neveu duquel on m'avoit donné , ſe trouva être
un vilain vieux avare , qui , quoique
tout couſu d'or , voyant ma détreſſe ,
me voulut avoir pour rien. Il prétendoit que je fuſſe auprès de ſon neveu
un eſpèce de valet ſans gages, plutôt
qu'un vrai gouverneur. Attaché continuellement à lui , & par-là diſpenſé du

fervice, il falloit que je vécuſſe de ma paye de cadet, c'eſt-à-dire, de ſoldat, & à peine conſentoit-il à me donner l'uniforme ; il auroit voulu que je me contentaſſe de celui du régiment. Madame de *Merveilleux* indignée de ſes propoſitions, me détourna elle-même de les accepter ; ſon fils fut du même ſentiment. On cherchoit autre choſe, & l'on ne trouvoit rien. Cependant je commençois d'être preſſé, & cent francs, ſur leſquels j'avois fait mon voyage, ne pouvoient me mener bien loin. Heureuſement je reçus de la part de M. l'Ambaſſadeur encore une petite remiſe qui me fit grand bien, & je crois qu'il ne m'auroit pas abandonné ſi j'euſſe eu plus de patience : mais languir, attendre, ſolliciter, ſont pour moi choſes impoſſibles. Je me rebutai, je ne parus plus, & tout fut fini. Je n'avois pas oublié ma pauvre Maman ; mais comment la trouver ? où la chercher ? Madame de *Merveilleux*, qui ſavoit mon hiſtoire, m'avoit aidé dans cette recherche, & long-tems inutilement. Enfin, elle m'apprit que Madame de *Warens* étoit repartie il y avoit plus de deux mois, mais qu'on ne ſavoit ſi elle étoit allée en Savoye, ou à Turin, & que quel-

ques perfonnes la difoient en Suiffe. Il
ne m'en fallut pas davantage pour me
déterminer à la fuivre, bien fùr qu'en
quelque lieu qu'elle fût je la trouverois
plus aifément en province que je n'a-
vois pu faire à Paris.

Avant de partir j'exerçai mon nouveau talent poétique dans une épître au
Colonel *Godard*, où je le drapai de
mon mieux. Je montrai ce barbouillage
à Madame de *Merveilleux*, qui, au lieu
de me cenfurer comme elle auroit dû
faire, rit beaucoup de mes farcafmes,
de même que fon fils, qui, je crois,
n'aimoit pas M. *Godard*, & il faut
avouer qu'il n'étoit pas aimable. J'étois
tenté de lui envoyer mes vers, ils m'y
encouragèrent : j'en fis un paquet à fon
adreffe, & comme il n'y avoit point
alors à Paris de petite pofte, je le mis
dans ma poche, & le lui envoyai
d'Auxerre en paffant. Je ris quelquefois encore en fongeant aux grimaces
qu'il dût faire en lifant ce panégyrique
où il étoit peint trait pour trait : il commençoit ainfi :

Tu croyois, vieux Penard, qu'une folle manie
D'élever ton neveu m'infpireroit l'envie.

Cette petite pièce mal faite, à la vérité, mais qui ne manquoit pas de sel, & qui annonçoit du talent pour la satyre, est cependant le seul écrit satyrique qui soit sorti de ma plume. J'ai le cœur trop peu haineux pour me prévaloir d'un pareil talent ; mais je crois qu'on peut juger par quelques écrits polémiques faits de tems à autre pour ma défense, que si j'avois été d'humeur batailleuse, mes agresseurs auroient eu rarement les rieurs de leur côté.

La chose que je regrette le plus dans les détails de ma vie dont j'ai perdu la mémoire, est de n'avoir pas fait des journaux de mes voyages. Jamais je n'ai tant pensé, tant existé, tant vécu, tant été moi, si j'ose ainsi dire, que dans ceux que j'ai faits seul & à pied. La marche a quelque chose qui anime & avive mes idées : je ne puis presque penser quand je reste en place ; il faut que mon corps soit en branle pour y mettre mon esprit. La vue de la campagne, la succession des aspects agréables, le grand air, le grand appétit, la bonne santé que je gagne en marchant, la liberté du cabaret, l'éloignement de tout ce qui me fait sentir ma dépendance, de tout ce qui me rappelle à ma situation, tout cela dégage mon ame, me donne une plus grande audace de penfer, me jette en quelque forte dans l'immenfité des êtres pour les combiner, les choifir, me les approprier à mon gré fans gêne & fans crainte. Je difpofe en maître de la nature entière ; mon cœur errant d'objet en objet, s'unit, s'identifie à ceux qui le flattent, s'entoure d'images charmantes, s'enivre de fentimens délicieux. Si pour les fixer je m'amufe à les décrire en moi-même, quelle vigueur de pinceau, quelle fraîcheur de coloris, quelle énergie d'expreffion je leur donne ! On a, dit on, trouvé de tout cela dans mes ouvrages, quoiqu'écrits vers le déclin de mes ans. O ! fi l'on eût vu ceux de ma première jeuneffe, ceux que j'ai faits durant mes voyages, ceux que j'ai compofés & que je n'ai jamais écrits.... Pourquoi, direz-vous, ne les pas écrire ? Et pourquoi les écrire, vous répondrai-je : pourquoi m'ôter le charme actuel de la jouiffance, pour dire à d'autres que j'avois joui ? Que m'importoient des lecteurs, un public & toute la terre, tandis que je planois dans le Ciel ? D'ailleurs portois-je avec moi du papier, des plumes ? Si j'avois penfé à tout cela, rien ne me feroit venu. Je ne prévoyois pas que j'aurois des idées ; elles viennent quand il leur plaît, non quand il me plaît. Elles ne viennent point, ou elles viennent en foule, elles m'accablent de leur nombre & de leur force. Dix volumes par jour n'auroient pas suffi. Où prendre du tems pour les écrire ? En arrivant je ne songeois qu'à bien dîner. En partant je ne songeois qu'à bien marcher. Je sentois qu'un nouveau paradis m'attendoit à la porte ; je ne songeois qu'à l'aller chercher.

Jamais je n'ai si bien senti tout cela que dans le retour dont je parle. En venant à Paris je m'étois borné aux idées relatives à ce que j'y allois faire. Je m'étois élancé dans la carrière où j'allois entrer, & je l'avois parcourue avec assez de gloire ; mais cette carrière n'étoit pas celle où mon cœur m'appelloit, & les êtres réels nuisoient aux êtres imaginaires. Le Colonel *Godard* & son neveu figuroient mal avec un héros tel que moi. Graces au Ciel ; j'étois maintenant délivré de tous ces obstacles : je pouvois m'enfoncer à mon gré dans le pays des chimères, car il ne restoit que cela devant moi. Aussi je m'y égarois si bien, que je perdis plusieurs fois ma route, & j'eusse été fort fâché d'aller plus droit ; car sentant qu'à Lyon j'allois me retrouver fur la terre, j'aurois voulu n'y jamais arriver.

Un jour entr'autres m'étant à deſſein détourné pour voir de près un lieu qui me parut admirable ; je m'y plûs ſi fort, & j'y fis tant de tours, que je me perdis enfin tout-à-fait. Après pluſieurs heures de courſe inutile, las & mourant de ſoif & de faim, j'entrai chez un payſan, dont la maiſon n'avoit pas belle apparence, mais c'étoit la ſeule que je viſſe aux environs. Je croyois que c'étoit comme à Genève ou en Suiſſe, où tous les habitans à leur aiſe, ſont en état d'exercer l'hoſpitalité. Je priai celui-ci de me donner à dîner en payant. Il m'offrit du lait écrêmé & de gros pain d'orge, en me diſant que c'étoit tout ce qu'il avoit. Je buvois ce lait avec délices & je mangeois ce pain, paille & tout ; mais cela n'étoit pas fort reſtaurant pour un homme épuiſé de fatigue. Ce payſan, qui m'examinoit, jugea de la vérité de mon hiſtoire par celle de mon appétit. Tout de ſuite après avoir dit qu'il voyoit bien (*) que j'étois un

____

(*) Apparemment je n'avois pas encore alors la phyſionomie qu'on m'a donnée depuis dans mon portrait.

bon jeune honnête homme qui n'étois pas-là pour le vendre, il ouvrit une petite trappe à côté de sa cuisine, descendit, & revint un moment après avec un bon pain bis de pur froment, un jambon très-appétissant, quoiqu'entamé, & une bouteille de vin, dont l'aspect me réjouit le cœur plus que tout le reste. On joignit à cela une omelette assez épaisse, & je fis un dîné tel qu'autre qu'un piéton n'en connût jamais. Quand ce vint à payer, voilà son inquiétude & ses craintes qui le reprennent; il ne vouloit point de mon argent; il le repoussoit avec un trouble extraordinaire, & ce qu'il y avoit de plaisant étoit que je ne pouvois imaginer de quoi il avoit peur. Enfin il prononça en frémissant ces mots terribles de commis & de rats-de-cave. Il me fit entendre qu'il cachoit son vin à cause des aides, qu'il cachoit son pain à cause de la taille, & qu'il seroit un homme perdu si l'on pouvoit se douter qu'il ne mourût pas de faim. Tout ce qu'il me dit à ce sujet, & dont je n'avois pas la moindre idée, me fit une impression qui ne s'effacera jamais. Ce fut-là le germe de cette haine inextinguible qui se développa depuis dans mon cœur contre les vexations qu'éprouve le malheureux peuple & contre ſes oppreſſeurs. Cet homme quoique aiſé, n'oſoit manger le pain qu'il avoit gagné à la ſueur de ſon front, & ne pouvoit éviter ſa ruine qu'en montrant la même miſère qui régnoit autour de lui. Je ſortis de ſa maiſon auſſi indigné qu'attendri, & déplorant le ſort de ces belles contrées, à qui la nature n'a prodigué ſes dons que pour en faire la proie des barbares publicains.

Voilà le ſeul ſouvenir bien diſtinct qui me reſte de ce qui m'eſt arrivé durant ce voyage. Je me rappelle ſeulement encore, qu'en approchant de Lyon je fus tenté de prolonger ma route pour aller voir les bords du Lignon; car parmi les romans que j'avois lus avec mon père, l'Aſtrée n'avoit pas été oubliée, & c'étoit celui qui me revenoit au cœur le plus fréquemment. Je demandai la route du Forez, & tout en cauſant avec une hôteſſe, elle m'apprit que c'étoit un bon pays de reſſource pour les ouvriers, qu'il y avoit beaucoup de forges, & qu'on y travailloit fort bien en fer. Cet éloge calma tout-à-coup ma curioſité romaneſque, & je ne jugeai pas à propos d'aller chercher des Dianes & des Sylvandres, chez un peuple de forgerons. La bonne femme qui m'encourageoit de la forte, m'avoit fûrement pris pour un garçon ferrurier.

Je n'allois pas tout-à-fait à Lyon fans vue. En arrivant j'allai voir aux Chafottes Mademoiselle du *Châtelet*, amie de Madame de *Warens*, & pour laquelle elle m'avoit donné une lettre quand je vins avec M. le *Maître* : ainfi c'étoit une connoiffance déjà faite. Mademoifelle du *Châtelet* m'apprit, qu'en effet, fon amie avoit paffé à Lyon, mais qu'elle ignoroit fi elle avoit pouffé fa route jufqu'en Piémont, & qu'elle étoit incertaine elle-même en partant, fi elle ne s'arrêteroit point en Savoye : que fi je voulois, elle écriroit pour en avoir des nouvelles, & que le meilleur parti que j'euffe à prendre étoit de les attendre à Lyon. J'acceptai l'offre : mais je n'ofai dire à Mademoifelle du *Châtelet* que j'étois preffé de la réponfe, & que ma petite bourfe épuifée ne me laiffoit pas en état de l'attendre longtems. Ce qui me retint n'étoit pas qu'elle m'eut mal reçu ; au contraire, elle m'avoit fait beaucoup de careffes, &

me traitoit fur un pied d'égalité qui m'ôtoit le courage de lui laiffer voir mon état, & de defcendre du rôle de bonne compagnie, à celui d'un malheureux mendiant.

Il me femble de voir affez clairement la fuite de tout ce que j'ai marqué dans ce livre. Cependant je crois me rappeller dans le même intervalle, une autre voyage de Lyon, dont je ne puis marquer la place, & où je me trouvai déjà fort à l'étroit : le fouvenir des extrémités où j'y fus réduit, ne contribue pas à m'en rappeller agréablement la mémoire. Si j'avois été fait comme un autre, que j'euffe eu le talent d'emprunter & de m'endetter à mon cabaret, je me ferois aifément tiré d'affaire : mais c'eft à quoi mon inaptitude égaloit ma répugnance ; & pour imaginer à quel point vont l'une & l'autre, il fuffit de favoir qu'après avoir paffé prefque toute ma vie dans le malêtre, & fouvent prêt à manquer de pain, il ne m'eft jamais arrivé une feule fois de me faire demander de l'argent par un créancier, fans lui en donner à l'inftant même. Je n'ai jamais fu faire des dettes criardes, & j'ai toujours mieux aimé fouffrir que devoir.

C'étoit fouffrir affurément que d'ê-
tre réduit à paffer la nuit dans la rue,
& c'eft ce qui m'eft arrivé plufieurs fois
à Lyon. J'aimois mieux employer quelques fous qui me reftoient, à payer
mon pain que mon gîte, parce qu'après
tout je rifquois moins de mourir de
fommeil que de faim. Ce qu'il y a d'é-
tonnant, c'eft que dans ce cruel état,
je n'étois ni inquiet, ni trifte : je n'a-
vois pas le moindre fouci fur l'avenir,
& j'attendois les réponfes que devoit
recevoir Mademoifelle du *Châtelet*,
couchant à la belle étoile, & dormant
étendu par terre ou fur un banc, auffi
tranquillement que fur un lit de rofes.
Je me fouviens même d'avoir paffé une
nuit délicieufe hors de la Ville dans
un chemin qui côtoyoit le Rhône ou
la Saône, car je ne me rappelle pas
lequel des deux. Des jardins élevés en
terraffe bordoient le chemin du côté
oppofé : il avoit fait très-chaud ce jour-
là ; la foirée étoit charmante ; la rofée
humectoit l'herbe flétrie ; point de vent,
une nuit tranquille ; l'air étoit frais fans
être froid ; le foleil après fon coucher
avoit laiffé dans le ciel des vapeurs
rouges, dont la réflexion rendoit l'eau
couleur de rofe ; les arbres des terraffes
étoient

étoient chargés de roſſignols , qui ſe
répondoient de l'un à l'autre. Je me
promenois dans une ſorte d'extaſe , livrant mes ſens & mon cœur à la jouiſſance de tout cela, & ſoupirant ſeulement un peu du regret d'en jouir ſeul.
Abſorbé dans ma douce rêverie , je
prolongeai fort avant dans la nuit ma
promenade , ſans m'appercevoir que
j'étois las. Je m'en apperçus enfin. Je me
couchois voluptueuſement ſur la ta-
blette d'une eſpèce de niche ou de
fauſſe-porte enfoncée dans un mur de
terraſſe : le ciel de mon lit étoit formé par les têtes des arbres ; un roſſignol étoit préciſément au-deſſus de
moi ; je m'endormis à ſon chant : mon
ſommeil fut doux, mon réveil le fut
davantage. Il étoit grand jour : mes
yeux en s'ouvrant virent l'eau, la ver-
dure, un payſage admirable. Je me le-
vai, me ſecouai, la faim me prit , je
m'acheminai gaîment vers la ville, réſolu de mettre à un bon déjeûné deux
pièces de ſix blancs qui me reſtoient
encore. J'étois de ſi bonne humeur ,
que j'allois chantant tout le long du
chemin, & je me ſouviens même , que
je chantois une cantate de Batiſtin,
intitulée les *bains de Thomery* , que je

II. Partie.   D

favois par cœur. Que bénit foit le bon
Batiftin & fa bonne cantate, qui m'a
valu un meilleur déjeûné que celui fur
lequel je comptois, & un dîné bien
meilleur encore, fur lequel je n'avois
point compté du tout. Dans mon meil-
meilleur train d'aller & de chanter,
j'entends quelqu'un derrière moi, je me
retourne, je vois un Antonin qui me
fuivoit, & qui paroiffoit m'écouter avec
plaifir. Il m'accofte, me falue, me demande fi je fais la mufique. Je réponds,
un peu, pour faire entendre beaucoup. Il continue à me queftionner :
je lui conte une partie de mon hiftoire.
Il me demande fi je n'ai jamais copié
de la mufique ? Souvent, lui dis-je, &
cela étoit vrai : ma meilleure manière
de l'apprendre étoit d'en copier. Eh
bien, me dit-il, venez avec moi ; je
pourrai vous occuper quelques jours,
durant lefquels rien ne vous manquera,
pourvu que vous confentiez à ne pas
fortir de la chambre. J'acquiefçai très-
volontiers, & je le fuivis.

Cet Antonin s'appelloit M. *Rolichon* ;
il aimoit la mufique, il la favoit, &
chantoit dans de petits concerts qu'il
faifoit avec fes amis. Il n'y avoit rien
là que d'innocent & d'honnête ; mais

ce goût dégénéroit apparemment en
fureur dont il étoit obligé de cacher
une partie. Il me conduifit dans une
petite chambre que j'occupai, & où je
trouvai beaucoup de mufique qu'il avoit
copiée. Il m'en donna d'autre à copier,
particulièrement la cantate que j'avois
chantée, & qu'il devoit chanter lui-
même dans quelques jours. J'en demeurai là trois ou quatre, à copier
tout le tems où je ne mangeois pas ;
car de ma vie je ne fus fi affamé, ni
mieux nourri. Il apportoit mes repas lui-
même de leur cuifine, & il falloit qu'elle
fût bonne, fi leur ordinaire valoit le
mien. De mes jours je n'eus tant de
plaifir à manger, & il faut avouer auffi
que ces lippées me venoient fort à propos, car j'étois fec comme du bois.
Je travaillois prefque d'auffi bon cœur
que je mangeois, & ce n'eft pas peu
dire. Il eft vrai que je n'étois pas auffi
correct que diligent. Quelques jours
après, M. *Rolichon*, que je rencontrai
dans la rue, m'apprit que mes parties
avoient rendu la mufique inexécuta-
ble, tant elles s'étoient trouvées pleines
d'omiffions, de duplications & de tranf-
pofitions. Il faut avouer que j'ai choifi
là dans la fuite le métier du monde

auquel j'étois le moins propre. Non
que ma note ne fût belle, & que je
ne copiasse fort nettement ; mais l'ennui d'un long travail me donne des dis-
tractions si grandes, que je passe plus
de tems à gratter qu'à noter, & que si
je n'apporte la plus grande attention
à collationner mes parties, elles sont
toujours manquer l'exécution. Je fis
donc très-mal en voulant bien faire,
& pour aller vîte, j'allois tout de travers. Cela n'empêcha pas M. *Rolichon*
de me bien traiter jusqu'à la fin, & de
me donner encore en sortant un petit
écu que je ne méritois guère, & qui
me remit tout-à-fait en pied : car peu
de jours après je reçus des nouvelles
de Maman qui étoit à Chambery, &
de l'argent pour l'aller joindre ; ce que
je fis avec transport. Depuis lors mes
finances ont souvent été fort courtes ;
mais jamais assez pour être obligé de
jeûner. Je marque cette époque avec
un cœur sensible aux soins de la Providence. C'est la dernière fois de ma vie
que j'ai senti la misère & la faim.

Je restai à Lyon sept ou huit jours
encore pour attendre les commissions
dont Maman avoit chargé Mademoiselle du *Châtelet*, que je vis durant ce

tems - là plus affiduement qu'auparavant, ayant le plaifir de parler avec elle de fon amie, & n'étant plus diftrait par ces cruels retours fur ma fituation qui me forçoient de la cacher. Mademoifelle du *Châtelet* n'étoit ni jeune ni jolie, mais elle ne manquoit pas de grace; elle étoit liante & familière, & fon efprit donnoit du prix à cette familiarité. Elle avoit ce goût de morale obfervatrice qui porte à étudier les hommes, & c'eft d'elle en première origine que ce même goût m'eft venu. Elle aimoit les Romans de le *Sage*, & particulièrement Gil-Blas; elle m'en parla, me le prêta: je le lus avec plaifir; mais je n'étois pas mûr encore pour ces fortes de lectures; il me falloit des Romans à grands fentimens. Je paffois ainfi mon tems à la grille de Mademoifelle du *Châtelet*, avec autant de plaifir que de profit, & il eft certain que les entretiens intéreffans & fenfés d'une femme de mérite font plus propres à former un jeune homme que toute la pédantefque philofophie des livres. Je fis connoiffance aux Chafottes avec d'autres Penfionnaires & de leurs amies, entr'autres avec une jeune perfonne de quatorze ans, appellée

Mademoiselle *Serre*, à laquelle je ne fis pas alors une grande attention ; mais dont je me paſſionnai huit ou neuf ans après, & avec raiſon ; car c'étoit une charmante fille.

Occupé de l'attente de revoir bientôt ma bonne Maman, je fis un peu de trève à mes chimères, & le bonheur réel qui m'attendoit me diſpenſa d'en chercher dans mes viſions. Non-ſeulement je la retrouvois, mais je retrouvois près d'elle & par elle un état agréable ; car elle marquoit m'avoir trouvé une occupation qu'elle eſpéroit qui me conviendroit, & qui ne m'éloigneroit pas d'elle. Je m'épuiſois en conjectures pour deviner quelle pouvoit être cette occupation, & il auroit fallu deviner en effet pour rencontrer juſte. J'avois ſuffiſamment d'argent pour faire commodément la route. Mademoiſelle du *Châtelet* vouloit que je priſſe un cheval ; je n'y pus conſentir, & j'eus raiſon : j'aurois perdu le plaiſir du dernier voyage pédeſtre que j'ai fait en ma vie ; car je ne peux donner ce nom aux excurſions que je faiſois ſouvent à mon voiſinage, tandis que je demeurois à Motiers.

C'eſt une choſe bien ſingulière que

mon imagination ne fe monte jamais
plus agréablement que quand mon
état eft le moins agréable ; & qu'au
contraire elle eft moins riante lorfque
tout rit autour de moi. Ma mauvaife
tête ne peut s'affujettir aux chofes.
Elle ne fauroit embellir , elle veut
créer. Les objets réels s'y peignent
tout au plus tels qu'ils font ; elle ne
fait parer que les objets imaginaires. Si
je veux peindre le printems , il faut que
je fois en hiver ; fi je veux décrire un
beau payfage , il faut que je fois fans
des murs , & j'ai dir cent fois que fi
jamais j'étois mis à la Baftille, j'y ferois
le tableau de la liberté. Je ne voyois
en partant de Lyon qu'un avenir agréable ; j'étois auffi content , & j'avois tout
lieu de l'être , que je l'étois peu quand
je partis de Paris. Cependant je n'eus
point durant ce voyage ces rêveries
délicieufes qui m'avoient fuivi dans
l'autre. J'avois le cœur ferein , mais
c'étoit tout. Je me rapprochois avec at-
tendriffement de l'excellente amie que
j'allois revoir. Je goûtois d'avance ,
mais fans ivreffe , le plaifir de vivre
auprès d'elle : je m'y étois toujours attendu ; c'étoit comme s'il ne m'étoit
rien arrivé de nouveau. Je m'inquié-

tois de ce que j'allois faire, comme si cela eût été fort inquiétant. Mes idées étoient paisibles & douces, non célestes & ravissantes. Les objets frappoient ma vue ; je donnois de l'attention aux paysages, je remarquois les arbres, les maisons, les ruisseaux, je délibérois aux croisées des chemins, j'avois peur de me perdre, & je ne me perdois point. En un mot, je n'étois plus dans l'Empirée ; j'étois tantôt où j'étois, tantôt où j'allois ; jamais plus loin.

Je suis, en racontant mes voyages, comme j'étois en les faisant : je ne saurois arriver. Le cœur me battoit de joie en approchant de ma chère Maman, & je n'en allois pas plus vîte. J'aime à marcher à mon aise, & m'arrêter quand il me plaît. La vie ambulante est celle qu'il me faut. Faire route à pied par un beau tems dans un beau pays, sans être pressé, & avoir pour terme de ma course un objet agréable, voilà de toutes les manières de vivre celle qui est le plus de mon goût. Au reste, on sait déjà ce que j'entends par un beau pays. Jamais pays de plaine, quelque beau qu'il fût, ne parut tel à mes yeux. Il me faut des torrens, des rochers, des sapins, des bois noirs, des montagnes, des chemins raboteux à monter & à defcendre, des précipices à mes côtés qui me faffent bien peur. J'eus ce plaifir, & je le goûtai dans tout fon charme, en approchant de Chambery. Non loin d'une montagne coupée, qu'on appelle le Pas-de-l'Echelle, au-deffous du grand chemin taillé dans le roc, à l'endroit appellé Chailles, court & bouillonne dans des gouffres affreux une petite rivière qui paroît avoir mis à les creufer des milliers de fiècles. On a bordé le chemin d'un parapet pour prévenir les malheurs : cela faifoit que je pouvois contempler au fond, & gagner des vertiges tout à mon aife ; car ce qu'il y a de plaifant dans mon goût pour les lieux efcarpés, eft qu'ils me font tourner la tête, & j'aime beaucoup ce tournoiement, pourvu que je fois en fûreté. Bien appuyé fur le parapet, j'avançois le nez, & je reftois là des heures entières, entrevoyant de tems en tems cette écume & cette eau bleue dont j'entendois le mugiffement à travers les cris des corbeaux & des oifeaux de proie qui voloient de roche en roche, & de brouffaille en brouffaille, à cent toifes au-deffous de moi. Dans les endroits

D v

où la pente étoit assez unie, & la brous-
saille assez claire pour laisser passer des
cailloux, j'en allois chercher au loin
d'aussi gros que je les pouvois porter,
je les rassemblois sur le parapet en pile,
puis les lançant l'un après l'autre, je
me délectois à les voir rouler, bondir
& voler en mille éclats avant que d'at-
teindre le fond du précipice.

Plus près de Chambery j'eus un
spectacle semblable en sens contraire.
Le chemin passe au pied de la plus belle
cascade que je vis de mes jours. La montagne est tellement escarpée que l'eau
se détache net & tombe en arcade assez
loin pour qu'on puisse passer entre la
cascade & la roche, quelquefois sans
être mouillé. Mais si l'on ne prend bien
ses mesures on y est aisément trompé,
comme je le fus: car à cause de l'extrême hauteur, l'eau se divise & tombe
en poussière, & lorsqu'on approche un
peu trop de ce nuage, sans s'appercevoir d'abord qu'on se mouille, à l'instant on est tout trempé.

J'arrive enfin chez Maman. Elle n'é-
toit pas seule. M. l'Intendant général
étoit chez elle au moment que j'entrai.
Sans me parler elle me prend par la
main & me présente à lui avec cette

grace qui lui ouvroit tous les cœurs ; le voilà, Monſieur, ce pauvre jeune homme ; daignez le protéger auſſi long-tems qu'il le méritera, je ne ſuis plus en peine de lui pour le reſte de ſa vie. Puis m'adreſſant la parole : mon enfant, me dit-elle, vous appartenez au Roi : remerciez M. l'Intendant qui vous donne du pain. J'ouvrois de grands yeux ſans rien dire, ſans ſavoir trop qu'imaginer : il s'en fallut peu que l'ambition naiſ-ſante ne me tournât la tête, & que je ne fiſſe déjà le petit Intendant. Ma for-tune ſe trouva moins brillante que ſur ce début je ne l'avois imaginée ; mais quant à préſent c'étoit aſſez pour vivre, & pour moi c'étoit beaucoup. Voici de quoi il s'agiſſoit.

Le Roi Victor Amédée jugeant par le ſort des guerres précédentes, & par la poſition de l'ancien patrimoine de ſes pères, qu'il lui échapperoit quelque jour, ne cherchoit qu'à l'épuiſer. Il y avoit peu d'années qu'ayant réſolu d'en mettre la nobleſſe à la taille, il avoit ordonné un cadaſtre général de tout le pays, afin que rendant l'impoſition réelle, on pût la répartir avec plus d'é-quité. Ce travail commencé ſous le père fut achevé ſous le fils. Deux ou trois cents hommes , tant arpenteurs qu'on appelloit géometres , qu'écrivains qu'on appelloit secrétaires , furent employés à cet ouvrage , & c'étoit parmi ces derniers que maman m'avoit fait inscrire. Le poste, sans être fort lucratif, donnoit de quoi vivre au large dans ce pays-là. Le mal étoit que cet emploi n'étoit qu'à tems , mais il mettoit en état de chercher & d'attendre , & c'étoit par prévoyance qu'elle tâchoit de m'obtenir de l'Intendant une protection particulière pour pouvoir passer à quelque emploi plus solide quand le tems de celui-là seroit fini.

J'entrai en fonction peu de jours après mon arrivée. Il n'y avoit à ce travail rien de difficile & je fus bientôt au fait. C'est ainsi qu'après quatre ou cinq ans de courses, de folies, & de souffrances depuis ma sortie de Geneve, je commençai pour la première fois de gagner mon pain avec honneur.

Ces longs détails de ma première jeunesse auront paru bien puériles & j'en suis fâché : quoique né homme à certains égards, j'ai été long-tems enfant & je le suis encore à beaucoup d'autres. Je n'ai pas promis d'offrir au public un grand personnage ; j'ai promis de me peindre tel que je suis , & pour me connoître dans mon âge avancé , il faut m'avoir bien connu dans ma jeuneffe. Comme en général les objets font moins d'impreffion fur moi que leurs fouvenirs & que toutes mes idées font en images , les premiers traits qui fe font gravés dans ma tête y font demeurés , & ceux qui s'y font empreints dans la fuite fe font plutôt combinés avec eux qu'ils ne les ont effacés. Il y a une certaine fucceffion d'affections & d'idées qui modifient celles qui les fuivent, & qu'il faut connoître pour en bien juger. Je m'applique à bien développer par-tout les premières caufes pour faire fentir l'enchaînement des effets. Je voudrois pouvoir en quelque façon rendre mon ame tranfparente aux yeux du lecteur , & pour cela je cherche à la lui montrer fous tous les points de vue , à l'éclairer par tous les jours , à faire en forte qu'il ne s'y paffe pas un mouvement qu'il n'apperçoive , afin qu'il puiffe juger par lui - même du principe qui les produit.

Si je me chargeois du réfultat & que je lui diffe : tel eft mon caractère , il pourroit croire , finon que je le trompe , au moins que je me trompe. Mais en lui détaillant avec fimplicité tout ce qui m'eft arrivé, tout ce que j'ai fait,

tout ce que j'ai penfé, tout ce que j'ai
fenti, je ne puis l'induire en erreur à
moins que je ne le veuille, encore
même en le voulant n'y parviendrois-
je pas aifément de cette façon. C'eft
à lui d'affembler ces élémens & de
déterminer l'être qu'ils compofent; le
réfultat doit être fon ouvrage ; & s'il
fe trompe alors, toute l'erreur fera de
fon fait. Or il ne fuffit pas pour cette
fin que mes récits foient fideles, il
faut auffi qu'ils foient exacts. Ce n'eft
pas à moi de juger de l'importance des
faits, je les dois tous dire, & lui laiffer
le foin de choifir. C'eft à quoi je me
fuis appliqué jufqu'ici de tout mon courage, & je ne me relâcherai pas dans
la fuite. Mais les fouvenirs de l'âge
moyen font toujours moins vifs que
ceux de la première jeuneffe. J'ai commencé par tirer de ceux-ci le meilleur parti qu'il m'étoit poffible. Si les
autres me reviennent avec la même
force, des lecteurs impatiens s'ennuie-
ront peut-être, mais moi je ne ferai
pas mécontent de mon travail. Je n'ai
qu'une chofe à craindre dans cette entreprife ; ce n'eft pas de trop dire ou
de dire des menfonges ; mais c'eft de
ne pas tout dire, & de taire des vérités.

Fin du quatrième Livre.

LES CONFESSIONS

DE

J. J. ROUSSEAU.

LIVRE CINQUIÈME.

CE fut, ce me semble, en 1732 que j'arrivai à Chambery comme je viens de le dire, & que je commençai d'être employé au Cadastre pour le service du Roi. J'avois vingt ans passés, près de vingt-un. J'étois assez formé pour mon âge du côté de l'esprit; mais le jugement ne l'étoit guères, & j'avois grand besoin des mains dans lesquelles je tombai pour apprendre à me conduire. Car, quelques années d'expérience n'avoient pu me guérir encore radicalement de mes visions romanesques, & malgré tous les maux que j'avois soufferts, je connoissois aussi peu le monde & les hommes que si je n'avois pas acheté ces instructions.

Je logeai chez moi, c'eſt-à-dire chez Maman ; mais je ne retrouvai pas ma chambre d'Annecy. Plus de jardin , plus de ruiſſeau, plus de payſage. La maiſon qu'elle occupoit étoit ſombre & triſte, & ma chambre étoit la plus ſombre & la plus triſte de la maiſon. Un mur pour vue, un cul-de-ſac pour rue, peu d'air, peu de jour, peu d'eſpace, des grillons, des rats, des planches pourries ; tout cela ne faiſoit pas une plaiſante habitation. Mais j'étois chez elle, auprès d'elle , ſans ceſſe à mon bureau ou dans ſa chambre , je m'apperçevois peu de la laideur de la mienne , je n'avois pas le tems d'y rêver. Il paroîtra bizarre qu'elle ſe fût fixée à Chambery tout exprès pour habiter cette vilaine maiſon : cela même fut un trait d'habileté de ſa part que je ne dois pas taire. Elle alloit à Turin avec répugnance , ſentant bien qu'après des révolutions toutes récentes , & dans l'agitation où l'on étoit encore à la Cour, ce n'étoit pas le moment de s'y préſenter. Cependant ſes affaires demandoient qu'elle s'y montrât ; elle craignoit d'être oubliée ou deſſervie. Elle ſavoit ſurtout que le Comte de ***. Intendant-Général des Finances, ne la favoriſoit pas. Il

y avoit à Chambery une maison vieille ,
mal bâtie , & dans une si vilaine position
qu'elle restoit toujours vuide ; elle la
loua & s'y établit. Cela lui réussit mieux
qu'un voyage ; sa pension ne fut point
supprimée , & depuis lors le Comte
de***. fut toujours de ses amis.

J'y trouvai son ménage à-peu-près
monté comme auparavant, & le fidèle
Claude *Anet* toujours avec elle. C'étoit ,
comme je crois l'avoir dit , un paysan
de Moutru , qui dans son enfance her-
borisoit dans le Jura pour faire du thé
de Suisse , & qu'elle avoit pris à son
service à cause de ses drogues , trouvant commode d'avoir un herboriste
dans son laquais. Il se passionna si bien
pour l'étude des plantes , & elle favorisa si bien son goût qu'il devint un vrài
botaniste , & que s'il ne fut mort jeune,
il se feroit fait un nom dans cette scien-
ce , comme il en méritoit un parmi les
honnêtes gens. Comme il étoit sérieux,
même grave , & que j'étois plus jeune
que lui , il devint pour moi une espèce
de gouverneur qui me sauva beaucoup
de folies : car il m'en imposoit, & je
n'osois m'oublier devant lui. Il en imposoit même à sa maitresse qui connoissoit son grand sens , sa droiture , son in-

violable attachement pour elle, & qui le lui rendoit bien. Claude *Anet* étoit sans contredit un homme rare, & le seul même de son espèce que j'aye jamais vu. Lent, posé, réfléchi, circonspect dans sa conduite, froid dans ses manières, laconique & sentencieux dans ses propos, il étoit dans ses passions d'une impétuosité qu'il ne laissoit jamais paroître, mais qui le dévoroit en-dedans, & qui ne lui a fait faire en sa vie qu'une sottise, mais terrible; c'est de s'être empoisonné. Cette scène tragique se passa peu après mon arrivée, & il la falloit pour m'apprendre l'intimité de ce garçon avec sa maitresse; car si elle ne me l'eût dit elle-même, jamais je ne m'en serois douté. Assurément si l'attachement, le zèle & la fidélité peuvent mériter une pareille récompense, elle lui étoit bien due, & ce qui prouve qu'il en étoit digne, il n'en abusa jamais. Ils avoient rarement des querelles, & elles finissoient toujours bien. Il en vint pourtant une qui finit mal : sa maitresse lui dit dans la colère un mot outrageant qu'il ne put digérer. Il ne consulta que son désespoir, & trouvant sous sa main une phiole de laudanum, il l'avala, puis fut se coucher tranquillement, comptant ne fe réveiller jamais. Heureufement Mada-me de *Warens* inquiète, agitée elle-même, errant dans fa maifon, trouva la phiole vuide, & devina le refte. En volant à fon fecours elle pouffa des cris qui m'attirèrent ; elle m'avoua tout, implora mon affiftance, & parvint avec beaucoup de peine à lui faire vomir l'o-pium. Témoin de cette fcène j'admirai ma bêtife de n'avoir jamais eu le moindre foupçon des liaifons qu'elle m'appre-noit. Mais Claude *Anet* étoit fi difcret que de plus clair-voyans auroient pu s'y méprendre. Le raccommodement fut tel que j'en fus vivement touché moi-même, & depuis ce tems, ajoutant pour lui le refpect à l'eftime, je devins en quelque façon fon élève, & ne m'en trouvai pas plus mal.

Je n'appris pourtant pas fans peine que quelqu'un pouvoit vivre avec elle dans une plus grande intimité que moi. Je n'avois pas fongé même à defirer pour moi cette place ; mais il m'étoit dur de la voir remplir par un autre ; cela étoit fort naturel. Cependant au lieu de prendre en averfion celui qui me l'avoit foufflée, je fentis réellement s'étendre à lui l'attachement que j'avois pour elle. Je defirois fur toute chofe qu'elle fût heureufe, & puifqu'elle avoit befoin de lui pour l'être, j'étois content qu'il fût heureux auffi. De fon côté il entroit parfaitement dans les vues de fa maitreffe, & prit en fincère amitié l'ami qu'elle s'étoit choifi. Sans affecter avec moi l'autorité que fon pofte le mettoit en droit de prendre, il prit naturellement celle que fon jugement lui donnoit fur le mien. Je n'ofois rien faire qu'il parût défapprouver, & il ne défaprouvoit que ce qui étoit mal. Nous vivions ainfi dans une union qui nous rendoit tous heureux, & que la mort feule a pu détruire. Une des preuves de l'excellence du caractère de cette aimable femme, eft que tous ceux qui l'aimoient s'aimoient entr'eux. La jaloufie, la rivalité même cédoit au fentiment dominant qu'elle infpiroit, & je n'ai vu jamais aucun de ceux qui l'entouroient fe vouloir du mal l'un à l'autre. Que ceux qui me lifent fufpendent un moment leur lecture à cet éloge, & s'ils trouvent en y penfant quelqu'autre femme dont ils puiffent dire la même chofe, qu'ils s'attachent à elle pour le repos de leur vie.

Ici commence depuis mon arrivée à

Chambery jufqu'à mon départ pour Paris en 1741, un intervalle de huit ou neuf ans, durant lequel j'aurai peu d'événemens à dire, parce que ma vie a été auffi fimple que douce, & cette uniformité étoit précifément ce dont j'avois le plus grand befoin pour achever de former mon caractère, que des troubles continuels empêchoient de fe fixer. C'est durant ce précieux intervalle que mon éducation mêlée & fans fuite ayant pris de la confiftance, m'a fait ce que je n'ai plus ceffé d'être à travers les orages qui m'attendoient. Ce progrès fut infenfible & lent, chargé de peu d'événemens mémorables; mais il mérite cependant d'être fuivi & développé.

Au commencement je n'étois guères occupé que de mon travail; la gêne du bureau ne me laiffoit pas fonger à autre chofe. Le peu de tems que j'avois de libre fe paffoit auprès de la bonne Maman, & n'ayant pas même celui de lire, la fantaifie ne m'en prenoit pas. Mais quand ma befogne devenue une efpèce de routine, occupa moins mon efprit, il reprit fes inquiétudes, la lecture me redevint néceffaire, & comme fi ce goût fe fût toujours irrité par la difficulté de m'y livrer, il feroit redevenu paffion comme chez mon maître, fi d'autres goûts venus à la traverfe n'euffent fait diverfion à celui-là.

Quoiqu'il ne fallût pas à nos opérations une arithmétique bien tranfcendante, il en falloit affez pour m'embarraffer quelqnefois. Pour vaincre cette difficulté, j'achetai des livres d'arithmétique & je l'appris bien ; car je l'appris feul. L'arithmétique - pratique s'étend plus loin qu'on ne penfe, quand on y veut mettre l'exacte précifion. Il y a des opérations d'un longueur extrême, au milieu defquelles j'ai vu quelquefois de bons géomètres s'égarer. La réflexion jointe à l'ufage donne des idées nettes, & alors on trouve des méthodes abrégées dont l'invention flatte l'amour - propre, dont la juftelfe fatisfait l'efprit, & qui font faire avec plaifir un travail ingrat par lui-même. Je m'y enfonçai fi bien qu'il n'y avoit point de queftion folube par les feuls chiffres qui m'embarraffât, & maintenant que tout ce que j'ai fu s'efface journellement de ma mémoire, cet acquis y demeure encore en partie, au bout de trente ans d'interruption. Il y a quelque jours que

dans un voyage que j'ai fait à Daven-
port chez mon hôte, assistant à la leçon
d'arithmétique de ses enfans, j'ai fait
sans faute avec un plaisir incroyable
une opération des plus composées. Il
me sembloit en posant mes chiffres,
que j'étois encore à Chambery dans
mes heureux jours. C'étoit revenir de
loin sur mes pas.

Le lavis des mappes de nos géomètres m'avoit aussi rendu le goût du
dessin. J'achetai des couleurs & je me
mis à faire des fleurs & des paysages.
C'est dommage que je me sois trouvé
peu de talent pour cet art; l'inclina-
y étoit toute entière. Au milieu de
mes crayons & de mes pinceaux j'aurois passé des mois entiers sans sortir.
Cette occupation devenant pour moi
trop attachante, on étoit obligé de
m'en arracher. Il en est ainsi de tous
les goûts auxquels je commence à me
livrer, ils augmentent, deviennent
passion, & bientôt je ne vois plus rien
au monde que l'amusement dont je
suis occupé. L'âge ne m'a pas guéri
de ce défaut; il ne l'a pas diminué
même, & maintenant que j'écris ceci,
me voilà comme un vieux radoteur,
engoué d'une autre étude inutile où

je n'entends rien , & que ceux même qui s'y font livrés dans leur jeuneſſe ſont forcés d'abandonner à l'âge où je la veux commencer.

C'étoit alors qu'elle eût été à ſa place. L'occaſion étoit belle , & j'eus quelque tentation d'en profiter. Le contentement que je voyois dans les yeux d'*Anet* revenant chargé de plantes nouvelles , me mit deux ou trois fois ſur le point d'aller herboriſer avec lui. Je ſuis preſqu'aſſuré que ſi j'y avois été une ſeule fois cela m'auroit gagné , & je ſerois peut-être aujourd'hui un grand botaniſte : car je ne connois point d'étude au monde qui s'aſſocie mieux avec mes goûts naturels que celle des plantes ; & la vie que je mène depuis dix ans à la campagne n'eſt guères qu'une herboriſation continuelle , à la vérité ſans objet & ſans progrès ; mais n'ayant alors aucune idée de la botanique , je l'avois priſe en une ſorte de mépris & même de dégoût ; je ne la regardois que comme une étude d'apoticaire. Maman , qui l'aimoit , n'en faiſoit pas elle-même un autre uſage ; elle ne recherchoit que les plantes uſuelles pour les appliquer à ſes drogues. Ainſi la botanique , la
chymie

chymie & l'anatomie, confondues dans mon efprit fous le nom de médecine, ne fervoient qu'à me fournir des farcafmes plaifans toute la journée, & à m'attirer des foufflets de tems en tems. D'ailleurs, un goût différent & trop contraire à celui-là croiffoit par degrés, & bientôt abforba tous les autres. Je parle de la mufique. Il faut affurément que je fois né pour cet art, puifque j'ai commencé de l'aimer dès mon enfance, & qu'il eft le feul que j'aye aimé conftamment dans tous les tems. Ce qu'il y a d'étonnant, eft qu'un art pour lequel j'étois né, m'ait néanmoins tant coûté de peine à apprendre, & avec des fuccès fi lents, qu'après une pratique de toute ma vie, jamais je n'ai pu parvenir à chanter fûrement tout à livre ouvert. Ce qui me rendoit fur-tout alors cette étude agréable, étoit que je la pouvois faire avec Maman. Ayant des goûts d'ailleurs fort différens, la mufique étoit pour nous un point de réunion dont j'aimois à faire ufage. Elle ne s'y refufoit pas ; j'étois alors à - peu - près auffi avancé qu'elle ; en deux ou trois fois nous déchiffrions un air. Quelquefois la voyant empreffée autour

II. Partie.   E

d'un fourneau, je lui difois : Maman, voici un duo charmant qui m'a bien l'air de faire fentir l'empyreume à vos drogues. Ah ! par ma foi, me difoit-elle, fi tu me les fais brûler, je te les ferai manger. Tout en difputant je l'entraînois à fon clavecin : on s'y oublioit ; l'extrait de genièvre ou d'abfinte étoit calciné, elle m'en barbouilloit le vifage, & tout cela étoit délicieux.

On voit qu'avec peu de tems de refte, j'avois beaucoup de chofes à quoi l'employer. Il me vint pourtant encore un amufement de plus, qui fit bien valoir tous les autres.

Nous occupions un cachot fi étouffé, qu'on avoit befoin quelquefois d'aller prendre l'air fur la terre. *Anet* engagea Maman à louer dans un fauxbourg un jardin pour y mettre des plantes. A ce jardin étoit jointe une guinguette affez jolie qu'on meubla fuivant l'ordonnance. On y mit un lit ; nous allions fouvent y dîner, & j'y couchois quelquefois. Infenfiblement je m'engouai de cette petite retraite, j'y mis quelques livres, beaucoup d'eftampes ; je paffois une partie de mon tems à l'orner & à y préparer à Maman quelque

furprife agréable lorfqu'elle s'y venoit
promener. Je la quittois pour venir
m'occuper d'elle, pour y penfer avec
plus de plaifir ; autre caprice que je
n'excufe ni n'explique, mais que j'a-
voue, parce que la chofe étoit ainfi.
Je me fouviens qu'une fois Madame
de *Luxembourg* me parloit en raillant
d'un homme qui quittoit fa maîtreffe
pour lui écrire. Je lui dis que j'aurois
bien été cet homme-là, & j'aurois pu
ajouter que je l'avois été quelquefois.
Je n'ai pourtant jamais fenti près de
Maman ce befoin de m'éloigner d'elle
pour l'aimer davantage ; car tête-à-tête
avec elle j'étois auffi parfaitement à
mon aife que fi j'euffe été feul, &
cela ne m'eft jamais arrivé près de
perfonne autre, ni homme ni femme,
quelqu'attachement que j'aye eu pour
eux. Mais elle étoit fi fouvent entourée, & de gens qui me convenoient
fi peu, que le dépit & l'ennui me
chaffoient dans mon afyle, où je l'a-
vois comme je la voulois, fans crainte
que les importuns vinffent nous y
fuivre.

Tandis qu'ainfi partagé entre le
travail, le plaifir & l'inftruction, je
vivois dans le plus doux repos, l'Eu-

rope n'étoit pas si tranquille que moi. La France & l'Empereur venoient de s'entredéclarer la guerre : le Roi de Sardaigne étoit entré dans la querelle, & l'armée Françoise filoit en Piémont pour entrer dans le Milanois. Il en passa une colonne par Chambery, & entr'autres le régiment de Champagne, dont étoit Colonel M. le Duc de la *Trimouille*, auquel je fus présenté, qui me promit beaucoup de choses, & qui sûrement n'a jamais repensé à moi. Notre petit jardin étoit précisément au haut du fauxbourg par lequel entroient les troupes, de sorte que je me rassasiois du plaisir d'aller les voir passer, & je me passionnois pour le succès de cette guerre, comme s'il m'eût beaucoup intéressé. Jusques-là je ne m'étois pas encore avisé de songer aux affaires publiques, & je me mis à lire les gazettes pour la première fois, mais avec une telle partialité pour la France que le cœur me battoit de joie à ses moindres avantages, & que ses revers m'affligeoient comme s'ils fussent tombés sur moi. Si cette folie n'eût été que passagère, je ne daignerois pas en parler ; mais elle est tellement enracinée dans mon

cœur fans aucune raifon, que lorfque
j'ai fait dans la fuite à Paris l'anti-def-
pote & le fier républicain, je fentois
en dépit de moi-même une prédilec-
tion fecrette pour cette même nation
que je trouvois fervile, & pour ce
gouvernement que j'affectois de fron-
der. Ce qu'il y avoit de plaifant étoit
qu'ayant honte d'un penchant fi contraire à mes maximes, je n'ofois l'a-
vouer à perfonne, & je raillois les
François de leurs défaites, tandis que
le cœur m'en faignoit plus qu'à eux. Je
fuis fûrement le feul qui vivant chez
une nation qui le traitoit bien & qu'il
adoroit, fe foit fait chez elle un faux
air de la dédaigner. Enfin ce penchant
s'eft trouvé fi défintéreffé de ma part, fi
fort, fi conftant, fi invincible, que même depuis ma fortie du royaume, depuis
que le Gouvernement, les Magiftrats,
les Auteurs, s'y font à l'envi déchaînés
contre moi, depuis qu'il eft devenu du
bon air de m'accabler d'injuftices &
d'outrages, je n'ai pu me guérir de ma
folie. Je les aime en dépit de moi quoiqu'ils me maltraitent.

J'ai cherché long-tems la caufe de
cette partialité, & je n'ai pu la trouver
que dans l'occafion qui la vit naître. Un

goût croissant pour la littérature, m'attachoit aux livres François, aux Auteurs de ces livres, & aux pays de ces Auteurs. Au moment même que défiloit sous mes yeux l'armée Françoise, je lisois les grands Capitaines de Brantôme. J'avois la tête pleine des *Clisson*, des *Bayard*, des *Lautrec*, des *Coligny*, des *Montmorency*, des la *Trimouille*, & je m'affectionnois à leurs descendans comme aux héritiers de leur mérite & de leur courage. A chaque Régiment qui passoit, je croyois revoir ces fameuses bandes noires qui jadis avoient tant fait d'exploits en Piémont. Enfin, j'appliquois à ce que je voyois les idées que je puisois dans les livres ; mes lectures continuées, & toujours tirées de la même nation, nourrissoient mon affection pour elle, & m'en firent enfin une passion aveugle que rien n'a pu surmonter. J'ai eu dans la suite occasion de remarquer dans mes voyages que cette impression ne m'étoit pas particulière, & qu'agissant plus ou moins dans tous les pays sur la partie de la nation qui aimoit la lecture & qui cultivoit les lettres, elle balançoit la haine générale qu'inspire l'air avantageux des François. Les romans plus que les hommes leur attachent les femmes de tous les pays, leurs chef - d'œuvres dramatiques affectionnent la jeuneffe à leurs théâtres. La célébrité de celui de Paris y attire des foules d'étrangers qui en reviennnent enthoufiaftes. Enfin, l'excellent goût de leur littérature leur foumet tous les efprits qui en ont; & dans la guerre fi malheureufe dont ils fortent, j'ai vu leurs Auteurs & leurs Philofophes foutenir la gloire du nom François ternie par leurs Guerriers.

J'étois donc François ardent, & cela me rendit nouvellifte. J'allois avec la foule des gobes-mouches attendre fur la place l'arrivée des couriers, & plus bête que l'âne de la fable, je m'inquiétois beaucoup pour favoir de quel maître j'aurois l'honneur de porter le bât : car on prétendoit alors que nous appartiendrions à la France, & l'on faifoit de la Savoye un échange pour le Milanois. Il faut pourtant convenir que j'avois quelques fujets de crainte ; car fi cette guerre eût mal tourné pour les Alliés, la penfion de Maman couroit un grand rifque. Mais j'étois plein de confiance dans mes bons amis, & pour le coup, malgré la furprife de M. de *Broglie*, cette confiance ne fut pas trompée, graces au Roi de Sardaigne à qui je n'avois pas pensé.

Tandis qu'on se battoit en Italie, on chantoit en France. Les Opéras de *Rameau* commençoient à faire du bruit & relevèrent ses ouvrages théoriques, que leur obscurité laissoit à la portée de peu de gens. Par hasard, j'entendis parler de son Traité de l'Harmonie, & je n'eus point de repos que je n'eusse acquis ce livre. Par un autre hasard, je tombai malade. La maladie étoit inflammatoire ; elle fut vive & courte ; mais ma convalescence fut longue, & je ne fus d'un mois en état de sortir. Durant ce tems, j'ébauchai, je dévorai mon Traité de l'Harmonie ; mais il étoit si long, si diffus, si mal arrangé, que je sentis qu'il me falloit un tems considérable pour l'étudier & le débrouiller. Je suspendois mon application, & je récréois mes yeux avec de la musique. Les Cantates de *Bernier* sur lesquelles je m'exerçois, ne me sortoient pas de l'esprit. J'en appris par cœur quatre ou cinq, entr'autres celle des *Amours dormans*, que je n'ai pas revue depuis ce tems-là, & que je sais encore presque toute entière, de même que l'*Amour piqué par une Abeille*, très-jolie Cantate de *Clerambault*, que j'appris à-peu-près dans le même tems.

Pour m'achever, il arriva de la Valdoste un jeune Organiste appellé l'Abbé *Palais*, bon Musicien, bon-homme, & qui accompagnoit très-bien du clavecin. Je fais connoissance avec lui ; nous voilà inséparables. Il étoit élève d'un Moine Italien, grand Organiste. Il me parloit de ses principes ; je les comparois avec ceux de mon *Rameau*, je remplissois ma tête d'accompagnement, d'accords, d'harmonie. Il falloit se former l'oreille à tout cela : je proposai à Maman un petit concert tous les mois ; elle y consentit. Me voila si plein de ce concert, que ni jour ni nuit je ne m'occupois d'autre chose, & réellement cela m'occupoit, & beaucoup, pour rassembler la musique, les concertans, les instrumens, tirer les parties, &c. Maman chantoit, le Père *Caton*, dont j'ai déjà parlé & dont j'ai à parler encore, chantoit aussi ; un Maître-à-danser, appellé *Roche*, & son fils, jouoient du violon ; *Canavas*, Musicien Piémontois, qui travailloit au Cadastre, & qui depuis s'est marié à Paris, jouoit du violoncelle ; l'Abbé *Palais* accompagnoit du clavecin ; j'avois l'honneur de conduire la musique,

E v

sans oublier le bâton du bucheron. On peut juger combien tout cela étoit beau! Pas tout-à fait comme chez M. de *Treytorens*, mais il ne s'en falloit guères.

Le petit concert de Madame de *Warens*, nouvelle convertie, & vivant, disoit-on, des charités du Roi, faisoit murmurer la sequelle dévote; mais c'étoit un amusement agréable pour plusieurs honnêtes gens. On ne devineroit pas qui je mets à leur tête en cette occasion? un Moine; mais un Moine homme de mérite, & même aimable, dont les infortunes m'ont dans la suite bien vivement affecté, & dont la mémoire, liée à celle de mes beaux jours, m'est encore chère. Il s'agit du Père *Caton*, Cordelier, qui, conjointement avec le Comte d'*Ortan*, avoit fait saisir à Lyon la musique du pauvre petit Chat; ce qui n'est pas le plus beau trait de sa vie. Il étoit Bachelier de Sorbonne; il avoit vécu long-tems à Paris dans le plus grand monde, & très-faufilé sur-tout chez le Marquis d'*Antremont*, alors Ambassadeur de Sardaigne. C'étoit un grand homme bien fait, le visage plein, les yeux à fleur de tête, des cheveux noirs qui faisoient, sans affectation, le crochet à côté du front, l'air à la fois noble, ouvert, modefte; fe préfentant fimplement & bien; n'ayant ni le maintien caffard ou effronté des Moines, ni l'abord cavalier d'un homme à la mode, quoiqu'il le fût; mais l'affurance d'un honnête homme, qui, fans rougir de fa robe, s'honore lui-même, & fe fent toujours à fa place parmi les honnêres gens. Quoique le Père *Caton* n'eût pas beaucoup d'étude pour un Docteur, il en avoit beaucoup pour un homme du monde, & n'étant point préffé de montrer fon acquit, il le plaçoit fi à propos qu'il en paroiffoit davantage. Ayant beaucoup vécu dans la fociété, il s'étoit plus attaché aux talens agréables qu'à un folide favoir. Il avoit de l'efprit, faifoit des vers, parloit bien, chantoit mieux, avoit la voix belle, touchoit l'orgue & le clavecin. Il n'en falloit pas tant pour être recherché, auffi l'étoit-il; mais cela lui fit fi peu négliger les foins de fon état, qu'il parvint, malgré des concurrens très-jaloux, à être élu Définiteur de fa Province, ou, comme on dit, un des grands colliers de l'Ordre.

Ce P. *Caton* fit connoiffance avec Maman chez le Marquis d'*Antremont*. Il entendit parler de nos concerts, il

E vj

en voulut être, il en fut, & les rendit brillans, Nous fûmes bientôt liés par notre goût commun pour la muſique, qui chez l'un & chez l'autre étoit une paſſion très-vive, avec cette différence qu'il étoit vraiment muſicien, & que je n'étois qu'un barbouillon. Nous allions avec *Canavas* & l'abbé *Palais* faire de la muſique dans ſa chambre, & quelquefois à ſon orgue les jours de fête. Nous dînions ſouvent à ſon petit couvert; car ce qu'il avoit encore d'étonnant pour un moine eſt qu'il étoit généreux, magnifique, & ſenſuel ſans groſſièreté. Les jours de nos concerts il ſoupoit chez Maman. Ces ſoupers étoient très-gais, très-agréables; on y diſoit le mot & la choſe, on y chantoit des duo: j'étois à mon aiſe, j'avois de l'eſprit, des ſaillies, le P. *Caton* étoit charmant, Maman étoit adorable, l'abbé *Palais* avec ſa voix de bœuf étoit le plaſtron. Momens ſi doux de la folâtre jeuneſſe, qu'il y a de tems que vous êtes partis!

Comme je n'aurai plus à parler de ce pauvre P. *Caton*, que j'achève ici en deux mots ſa triſte hiſtoire. Les autres moines jaloux ou plutôt furieux de lui voir un mérite, une élégance de mœurs qui n'avoit rien de la crapule monasti-que, le prirent en haine, parce qu'il n'étoit pas aussi haïssable qu'eux. Les chefs se liguèrent contre lui & ameu-tèrent les moinillons envieux de sa place, & qui n'osoient auparavant le regarder. On lui fit mille affronts, on le destitua, on lui ôta sa chambre qu'il avoit meublée avec goût quoiqu'avec simplicité, on le relegua je ne sais où ; enfin ces misérables l'accablèrent de tant d'outrages, que son ame honnête & fière avec justice n'y put résister ; & après avoir fait les delices des sociétés les plus aimables, il mourut de dou-leur sur un vil grabat, dans quelque fond de cellule ou de cachot, regretté, pleuré de tous les honnêtes gens dont il fut connu, & qui ne lui ont trouvé d'autre défaut que d'être moine.

Avec ce petit train de vie je fis si bien en très-peu de tems, qu'absorbé tout entier par la musique je me trou-vai hors d'état de penser à autre chose. Je n'allai plus à mon bureau qu'à contre-cœur, la gêne & l'assiduité au travail m'en firent un supplice insupportable, & j'en vins enfin à vouloir quitter mon emploi pour me livrer totalement à la musique. On peut croire que cette folie ne paffa pas fans oppofition. Quitter un pofte honnête & d'un revenu fixe pour courir après des écoliers incertains étoit un parti trop peu fenfé pour plaire à Maman. Même en fuppofant mes progrès futurs auffi grands que je me les figurois, c'étoit borner bien modeftement mon ambition que de me réduire pour la vie à l'état de muficien. Elle qui ne formoit que des projets magnifiques & qui ne me prenoit plus tout-à-fait au mot de M. d'*Aubonne*, me voyoit avec peine occupé férieufement d'un talent qu'elle trouvoit fi frivole, & me répétoit fouvent ce proverbe de province, un peu moins jufte à Paris, que, *qui bien chante & bien danfe, fait un métier qui peu avance.* Elle me voyoit d'un autre côté entraîné par un goût irréfiftible ; ma paffion de mufique devenoit une fureur, & il étoit à craindre que mon travail fe fentant de mes diftractions, ne m'attirât un congé qu'il valoit beaucoup mieux prendre de moi-même. Je lui repréfentois encore que cet emploi n'avoit pas long-tems à durer, qu'il me falloit un talent pour vivre, & qu'il étoit plus fûr d'achever d'acquérir par la pratique celui auquel mon goût me portoit & qu'elle m'avoit choisi, que de me mettre à la merci des protections, ou de faire de nouveaux essais qui pouvoient mal réussir, & me laisser, après avoir passé l'âge d'apprendre, sans ressource pour gagner mon pain. Enfin j'extorquai son consentement plus à force d'importunités & de caresses, que de raisons dont elle se contentât. Aussi-tôt je courus remercier fièrement M. *Coccelli*, Directeur général du Cadastre, comme si j'avois fait l'acte le plus héroïque, & je quittai volontairement mon emploi sans sujet, sans raison, sans prétexte, avec autant & plus de joie que je n'en avois eu à le prendre il n'y avoit pas deux ans.

Cette démarche, toute folle qu'elle étoit, m'attira dans le pays une sorte de considération qui me fut utile. Les uns me supposèrent des ressources que je n'avois pas; d'autres me voyant livré tout-à-fait à la musique, jugèrent de mon talent par mon sacrifice, & crurent qu'avec tant de passion pour cet art, je devois le posséder supérieurement. Dans le royaume des aveugles les borgnes sont rois; je passai là pour un bon maître, parce qu'il n'y en avoit que de mauvais. Ne manquant pas, au

reſte, d'un certain goût de chant, fa-
voriſé d'ailleurs par mon âge & par ma
figure, j'eus bientôt plus d'écolières
qu'il ne m'en falloit pour remplacer ma
paye de ſecrétaire.

Il eſt certain que pour l'agrément de
la vie, on ne pouvoit paſſer plus rapi-
dement d'une extrémité à l'autre. Au
cadaſtre, occupé huit heures par jour
du plus mauſſade travail avec des gens
encore plus mauſſades, enfermé dans
un triſte bureau empuanti de l'haleine &
de la ſueur de tous ces manans, la plupart fort mal peignés & fort mal-pro-
pres, je me ſentois quelquefois accablé juſqu'au vertige par l'attention,
l'odeur, la gêne & l'ennui. Au lieu de
cela me voilà tout-à coup jetté parmi le
beau monde, admis, recherché dans les
meilleures maiſons; par-tout un accueil
gracieux, careſſant, un air de fête : d'aimables Demoiſelles bien parées m'at-
tendent, me reçoivent avec empreſſement; je ne vois que des objets charmans, je ne ſens que la roſe & la fleur
d'orange; on chante, on cauſe, on rit,
on s'amuſe; je ne ſors de-là que pour
aller ailleurs en faire autant : on conviendra qu'à égalité dans les avantages,
il n'y avoit pas à balancer dans le choix.

Aussi me trouvai-je si bien du mien, qu’il ne m’est arrivé jamais de m’en repentir, & je ne m’en repens pas même en ce moment, où je pese au poids de la raison les actions de ma vie, & où je suis délivré des motifs peu sensés qui m’ont entraîné.

Voilà presque l’unique fois qu’en n’écoutant que mes penchans, je n’ai pas vu tromper mon attente. L’accueil aisé, l’esprit liant, l’humeur facile des habitans du pays me rendit le commerce du monde aimable, & le goût que j’y pris alors m’a bien prouvé que si je n’aime pas à vivre parmi les hommes, c’est moins ma faute que la leur.

C’est dommage que les Savoyards ne soient pas riches, ou peut-être seroit-ce dommage qu’ils le fussent; car tels qu’ils font, c’est le meilleur & le plus sociable peuple que je connoisse. S’il est une petite ville au monde où l’on goûte la douceur de la vie dans un commerce agréable & sûr, c’est Chambery. La noblesse de la province qui s’y rassemble, n’a que ce qu’il faut de bien pour vivre, elle n’en a pas assez pour parvenir, & ne pouvant se livrer à l’ambition, elle suit par né-cessité le conseil de *Cynéas*. Elle dévoue sa jeuneſſe à l'état militaire, puis revient vieillir paiſiblement chez ſoi. L'honneur & la raiſon préſident à ce partage. Les femmes ſont belles & pourroient ſe paſſer de l'être ; elles ont tout ce qui peut faire valoir la beauté, & même y ſuppléer. Il eſt ſingulier qu'appellé par mon état à voir beaucoup de jeunes filles, je ne me rappelle pas d'en avoir vu à Chambery une ſeule qui ne fût pas charmante. On dira que j'étois diſpoſé à les trouver telles, & l'on peut avoir raiſon ; mais je n'avois pas beſoin d'y mettre du mien pour cela. Je ne puis en vérité me rappeller ſans plaiſir le ſouvenir de mes jeunes écolieres. Que ne puis-je en nommant ici les plus aimables, les rappeller de même & moi avec elles, à l'âge heureux où nous étions, lors des momens auſſi doux qu'innocens que j'ai paſſés auprès d'elles! La première fut Mlle de *Mellarede* ma voiſine, ſœur de l'éleve de M. *Gaime.* C'étoit une brune très-vive, mais d'une vivacité careſſante, pleine de graces, & ſans étourderie. Elle étoit un peu maigre, comme ſont la plupart des filles à ſon âge ; mais ſes yeux brillans, ſa taille fine & ſon air attirant n'avoient pas beſoin d'embonpoint

pour plaire. J'y allois le matin, & elle
étoit encore ordinairement en déshabillé, fans autre coëffure que fes cheveux négligemment relevés, ornés de
quelque fleur qu'on mettoit à mon arrivée, & qu'on ôtoit à mon départ pour
fe coëffer. Je ne crains rien tant dans le
monde qu'une jolie perfonne en déshabillé; je la redouterois cent fois moins
parée. Mlle. de *Menthon* chez qui j'allois
l'après-midi, l'étoit toujours, & me
faifoit une impreffion tout auffi douce,
mais différente. Ses cheveux étoient
d'un blond cendré : elle étoit très-mignone, très-timide & très-blanche;
une voix nette, jufte & flûtée, mais
qui n'ofoit fe développer. Elle avoit au
fein la cicatrice d'une brûlure d'eau
bouillante qu'un fichu de chenille bleue
ne cachoit pas extrêmement. Cette marque attiroit quelquefois de ce côté mon
attention, qui bientôt n'étoit plus pour
la cicatrice. Mlle. de *Challes*, une autre de mes voifines, étoit une fille faite,
grande, belle quarrure, de l'embonpoint : elle avoit été très-bien. Ce n'étoit plus une beauté; mais c'étoit une
perfonne à citer pour la bonne grace,
pour l'humeur égale, pour le bon naturel. Sa fœur, Madame de *Charly*, la

plus belle femme de Chambery, n'apprenoit plus la musique, mais elle la faisoit apprendre à sa fille toute jeune encore, mais dont la beauté naissante eût promis d'égaler celle de sa mère, si malheureusement elle n'eût été un peu rousse. J'avois à la Visitation une petite Demoiselle Française, dont j'ai oublié le nom, mais qui mérite une place dans la liste de mes préférences. Elle avoit pris le ton lent & traînant des religieuses, & sur ce ton traînant elle disoit des choses très-saillantes, qui ne sembloient pas aller avec son maintien. Au reste, elle étoit paresseuse, n'aimoit pas à prendre la peine de montrer son esprit, & c'étoit une faveur qu'elle n'accordoit pas à tout le monde. Ce ne fut qu'après un mois ou deux de leçons & de négligence, qu'elle s'avisa de cet expédient pour me rendre plus assidu ; car je n'ai jamais pu prendre sur moi de l'être. Je me plaisois à mes leçons quand j'y étois, mais je n'aimois pas être obligé de m'y rendre ni que l'heure me commandât : en toute chose la gêne & l'assujettissement me sont insupportables ; ils me feroient prendre en haine le plaisir même. On dit que chez les Mahométans un homme paſſe au point du jour dans les rues pour ordonner aux maris de rendre le devoir à leurs femmes, je ſerois un mauvais Turc à ces heures-là.

J'avois quelques écolières auſſi dans la bourgeoiſie, & une entr'autres qui fut la cauſe indirecte d'un changement de relation dont j'ai à parler, puiſqu'enfin je dois tout dire. Elle étoit fille d'un épicier, & ſe nommoit Mlle. *L* * * *, vrai modéle d'une ſtatue grecque, & que je citerois pour la plus belle fille que j'ai jamais vue, s'il y avoit quelque véritable beauté ſans vie & ſans ame. Son indolence, ſa froideur, ſon inſenſibilité alloient à un point incroyable. Il étoit également impoſſible de lui plaire & de la fâcher, & je ſuis perſuadé que ſi l'on eût fait ſur elle quelque entrepriſe, elle auroit laiſſé faire, non par goût, mais par ſtupidité. Sa mère, qui n'en vouloit pas courir le riſque, ne la quittoit pas d'un pas. En lui faiſant apprendre à chanter, en lui donnant un jeune maître, elle faiſoit tout de ſon mieux pour l'émouſtiller, mais cela ne réuſſit point. Tandis que le maître agaçoit la fille, la mère agaçoit le maître, & cela ne réuſſiſſoit pas beaucoup mieux. Madame *L* * * *, ajoutoit à fa vivacité naturelle toute celle que fa fille auroit dû avoir. C'étoit un petit minois éveillé, chiffonné, marqué de petite vérole. Elle avoit de petits yeux très-ardens, & un peu rouges, parce qu'elle y avoit prefque toujours mal. Tous les matins quand j'arrivois, je trouvois prêt mon café à la crême ; & la mère ne manquoit jamais de m'accueillir par un baifer bien appliqué fur la bouche, & que par curiofité, j'aurois voulu rendre à la fille, pour voir comment elle l'auroit pris. Au refte, tout cela fe faifoit fi fimplement & fi fort fans conféquence, que quand Madame *L***. étoit là, les agaceries & les baifers n'en alloient pas moins leur train. C'étoit une bonne pâte d'homme ; le vrai père de fa fille, & que fa femme ne trompoit pas ; parce qu'il n'en étoit pas befoin.

Je me prêtois à toutes ces careffes avec ma balourdife ordinaire, les prenant tout bonnement pour des marques de pure amitié. J'en étois pourtant importuné quelquefois ; car la vive Madame *L***. ne laiffoit pas d'être exigeante, & fi dans la journée j'avois paffé devant la boutique fans m'arrêter, il y auroit eu du bruit. Il falloit quand j'étois preffé, que je priffe un détour pour paffer dans une autre rue, fachant bien qu'il n'étoit pas auffi aifé de fortir de chez elle que d'y entrer.

Madame *L****. s'occupoit trop de moi pour que je ne m'occupaffe point d'elle. Ses attentions me touchoient beaucoup; j'en parlois à Maman comme d'une chofe fans myftère, & quand il y en auroit eu, je ne lui en aurois pas moins parlé; car lui faire un fecret de quoi que ce fût, ne m'eût pas été poffible: mon cœur étoit ouvert devant elle comme devant Dieu. Elle ne prit pas tout-à-fait la chofe avec la même fimplicité que moi. Elle vit des avances où je n'avois vu que des amitiés; elle jugea que Madame *L****. fe faifant un point d'honneur de me laiffer moins fot qu'elle ne m'avoit trouvé, parviendroit de manière ou d'autre à fe faire entendre, & outre qu'il n'étoit pas jufte qu'une autre femme fe chargeât de l'inftruction de fon élève, elle avoit des motifs plus dignes d'elle, pour me garantir des piéges auxquels mon âge & mon état m'expofoient. Dans le même tems on m'en tendit un d'une efpèce plus dangereufe auquel j'échappai; mais qui lui fit fentir que les dan-

gers qui me menaçoient sans cesse, rendoient nécessaires tous les préservatifs
qu'elle y pouvoit apporter.

Madame la Comtesse de *M****. mère
d'une de mes écolières, étoit une
femme de beaucoup d'esprit, & passoit pour n'avoir pas moins de méchanceté. Elle avoit été cause, à ce qu'on
disoit, de bien des brouilleries, &
d'une entr'autres, qui avoit eu des suites fatales à la Maison d'*A****. Maman
avoit été assez liée avec elle pour connoître son caractère; ayant très-inno-
cemment inspiré du goût à quelqu'un
sur qui Madame de *M****. avoit des
prétentions, elle resta chargée auprès
d'elle du crime de cette préférence,
quoiqu'elle n'eût été ni recherchée ni
acceptée, & Madame de *M****. cher-
cha depuis lors à jouer à sa rivale plusieurs tours dont aucun ne réussit. J'en
rapporterai un des plus comiques par
manière d'échantillon. Elles étoient ensemble à la campagne avec plusieurs
Gentilshommes du voisinage, & entr'autres, l'aspirant en question. Madame de *M****. dit un jour à un de ces
Messieurs, que Madame de *Warens* n'é-
toit qu'une précieuse, qu'elle n'avoit
point de goût, qu'elle se mettoit mal,

qu'elle

qu'elle couvroit sa gorge comme une bourgeoise. Quant à ce dernier article, lui dit l'homme, qui étoit un plaisant, elle a ses raisons, & je sais qu'elle a un gros vilain rat empreint sur le sein, mais si ressemblant, qu'on diroit qu'il court. La haine ainsi que l'amour rend crédule. Madame de *M****.* résolut de tirer parti de cette découverte, & un jour que Maman étoit au jeu avec l'ingrat favori de la dame, celle-ci prit son tems pour passer derriere sa rivale, puis renversant à demi sa chaise, elle découvrit adroitement son mouchoir. Mais au lieu du gros rat, le Monsieur ne vit qu'un objet fort different, qu'il n'étoit pas plus aisé d'oublier que de voir, & cela ne fit pas le compte de la Dame.

Je n'étois pas un personnage à occuper Madame de *M****.* qui ne vouloit que des gens brillans autour d'elle. Cependant elle fit quelque attention à moi, non pour ma figure dont, assurément elle ne se soucioit point du tout, mais pour l'esprit qu'on me supposoit, & qui m'eût pu rendre utile à ses goûts. Elle en avoit un assez vif pour la satyre. Elle aimoit à faire des chansons & des vers sur les gens qui lui déplaisoient.

Si elle m'eût trouvé assez de talent pour lui aider à tourner ses vers, & assez de complaisance pour les écrire, entr'elle & moi nous aurions bientôt mis Chambery sens-dessus-dessous. On seroit remonté à la source de ces libelles; Madame de *M****. se seroit tirée d'affaire en me sacrifiant, & j'aurois été enfermé le reste de mes jours peut-être, pour m'apprendre à faire le Phœbus avec les Dames.

Heureusement rien de tout cela n'arriva. Madame de *M****. me retint à dîner deux ou trois fois pour me faire causer, & trouva que je n'étois qu'un sot. Je le sentois moi-même & j'en gémissois, enviant les talens de mon ami *Venture*, tandis que j'aurois dû remercier ma bêtise des périls dont elle me sauvoit. Je demeurai pour Madame de *M****. le maître à chanter de sa fille & rien de plus : mais je vécus tranquille & toujours bien voulu dans Chambery. Cela valoit mieux que d'être un bel esprit pour elle, & un serpent pour le reste du pays.

Quoi qu'il en soit, Maman vit que pour m'arracher aux périls de ma jeunesse, il étoit tems de me traiter en homme, & c'est ce qu'elle fit; mais de

la façon la plus singulière dont jamais
femme se soit avisée en pareille occasion. Je lui trouvai l'air plus grave &
le propos plus moral qu'à son ordinaire.
A la gaîté folâtre dont elle entremê-
loit ordinairement ses instructions, suc-
céda tout-à-coup un ton toujours sou-
tenu qui n'étoit ni familier ni sévère;
mais qui sembloit préparer une expli-
cation. Après avoir cherché vainement
en moi-même la raison de ce changement, je la lui demandai; c'étoit ce
qu'elle attendoit. Elle me proposa une
promenade au petit jardin pour le lendemain : nous y fûmes dès le matin.
Elle avoit pris ses mesures pour qu'on
nous laissât seuls toute la journée : elle
l'employa à me préparer aux bontés
qu'elle vouloit avoir pour moi, non
comme une autre femme, par du ma-
nége & des agaceries ; mais par des
entretiens pleins de sentiment & de raison, plus faits pour m'instruire que
pour me séduire, & qui parloient plus
à mon cœur qu'à mes sens. Cependant
quelque excellens & utiles que fussent
les discours qu'elle me tint, & quoiqu'ils ne fussent rien moins que froids
& triste, je n'y fis pas toute l'attention
qu'ils méritoient, & je ne les gravai

pas dans ma mémoire, comme j'aurois fait dans tout autre tems. Son début, cet air de préparatif m'avoit donné de l'inquiétude : tandis qu'elle parloit, rêveur & diſtrait malgré moi, j'étois moins occupé de ce qu'elle diſoit que de chercher à quoi elle en vouloit venir, & ſi-tôt que je l'eus compris, ce qui ne me fut pas facile, la nouveauté de cette idée qui, depuis que je vivois auprès d'elle, ne m'étoit pas venue une ſeule fois dans l'eſprit, m'occupant alors tout entier, ne me laiſſa plus le maître de penſer à ce qu'elle me diſoit. Je ne penſois qu'à elle, & je ne l'écoutois pas.

Vouloir rendre les jeunes gens attentifs à ce qu'on leur veut dire, en leur montrant au bout un objet très-intéreſſant pour eux, eſt un contre-ſens très-ordinaire aux inſtituteurs, & que je n'ai pas évité moi-même dans mon Emile. Le jeune homme frappé de l'objet qu'on lui préſente s'en occupe uniquement, & ſaute à pieds joints par-deſſus vos diſcours préliminaires pour aller d'abord où vous le menez trop lentement à ſon gré. Quand on veut le rendre attentif, il ne faut pas ſe laiſſer pénétrer d'avance, & c'eſt en

quoi Maman fut mal-adroite. Par une
singularité qui tenoit à son esprit sys-
tématique, elle prit la precaution très-
vaine de faire ses conditions; mais si-
tôt que j'en vis le prix, je ne les écou-
tai pas même, & je me dépêchai de
consentir à tout. Je doute même qu'en
pareil cas il y ait sur la terre entière un
homme assez franc ou assez courageux
pour oser marchander, & une seule
femme qui pût pardonner de l'avoir
fait. Par une suite de la même bisarre-
rie, elle mit à cet accord les formalités
les plus graves, & me donna pour y
penser huit jours, dont je l'assurai faus-
sement que je n'avois pas besoin : car
pour comble de singularité je fus très-
aise de les avoir, tant la nouveauté de
ces idées m'avoit frappé, & tant je
sentois un bouleversement dans les
miennes, qui me demandoit du tems
pour les arranger !

On croira que ces huit jours me du-
rèrent huit siècles. Tout au contraire,
j'aurois voulu qu'ils les eussent durés
en effet. Je ne sais comment décrire
l'état où je me trouvois; plein d'un
certain effroi mêlé d'impatience : re-
doutant ce que je desirois; jusqu'à chercher quelquefois tout de bon dans ma

tête quelque honnête moyen d'éviter d'être heureux. Qu'on se repréfente mon tempérament ardent & lafcif, mon fang enflammé, mon cœur enivré d'amour, ma vigueur, ma fanté, mon âge; qu'on penfe que dans cet état, altéré de la foif des femmes, je n'avois encore approché d'aucune; que l'imagination, le befoin, la vanité, la curiofité fe réuniffoient pour me dévorer de l'ardent defir d'être homme & de le paroître. Qu'on ajoute fur-tout, car c'eft ce qu'il ne faut pas qu'on oublie, que mon vif & tendre attachement pour elle, loin de s'attiédir, n'avoit fait qu'augmenter de jour en jour, que je n'étois bien qu'auprès d'elle, que je ne m'en éloignois que pour y penfer, que j'avois le cœur plein, non-feulement de fes bontés, de fon caractère aimable, mais de fon fexe, de fa figure, de fa perfonne, d'elle, en un mot, par tous les rapports fous lefquels elle pouvoit m'être chère; & qu'on n'imagine pas que pour dix ou douze ans que j'avois de moins qu'elle, elle fût vieillie ou me parût l'être. Depuis cinq ou fix ans que j'avois éprouvé des tranfports fi doux à fa première vue, elle étoit réellement très-peu changée, & ne me le paroifſoit point du tout. Elle a toujours été charmante pour moi, & l'étoit encore pour tout le monde. Sa taille ſeule avoit pris un peu plus de rondeur. Du reſte, c'étoit le même œil, le même teint, le même ſein, les mêmes traits, les mêmes beaux cheveux blonds, la même gaîté, tout juſqu'à la même voix, cette voix argentée de la jeuneſſe, qui fit toujours ſur moi tant d'impreſſion, qu'encore aujourd'hui je ne puis entendre ſans émotion le ſon d'une jolie voix de fille.

Naturellement ce que j'avois à craindre dans l'attente de la poſſeſſion d'une perſonne ſi chérie, étoit de l'anticiper, & de ne pouvoir aſſez gouverner mes deſirs & mon imagination, pour reſter maître de moi même. On verra que dans un âge avancé, la ſeule idée de quelques légères faveurs qui m'attendoient près de la perſonne aimée, allumoit mon ſang à tel point, qu'il m'étoit impoſſible de faire impunément le court trajet qui me ſéparoit d'elle. Comment, par quel prodige dans la fleur de ma jeuneſſe eus-je ſi peu d'empreſſement pour la première jouiſſance? Comment pus-je en voir approcher l'heure avec plus de peine que de plaiſir?

F iv

Comment au lieu des délices qui devoient m'énivrer, sentois-je presque de
la répugnance & des craintes? Il n'y a
point à douter que si j'avois pu me dé-
rober à mon bonheur avec bienséance,
je ne l'eusse fait de tout mon cœur. J'ai
promis des bizarreries dans l'histoire de
mon attachement pour elle! En voilà
sûrement une à laquelle on ne s'attendoit pas.

Le lecteur déjà révolté juge qu'étant
possédée par un autre homme, elle se
dégradoit à mes yeux en se partageant, &
qu'un sentiment de mésestime attiédis-
soit ceux qu'elle m'avoit inspirés; il se
trompe. Ce partage, il est vrai, me faisoit
une cruelle peine, tant par une délicatesse
fort naturelle, que parce qu'en effet je
le trouvois peu digne d'elle & de moi;
mais quant à mes sentimens pour elle,
il ne les altéroit point, & je peux jurer
que jamais je ne l'aimai plus tendrement que quand je desirois si peu de la
posséder. Je connoissois trop son cœur
chaste, & son tempérament de glace,
pour croire un moment que le plaisir
des sens eût aucune part à cet abandon
d'elle-même : j'étois parfaitement sûr
que le seul soin de m'arracher à des
dangers autrement presqu'inévitables,

& de me conferver tout entier à moi &
à mes devoirs, lui en faifoit enfreindre
un qu'elle ne regardoit pas du même
œil que les autres femmes, comme il
fera dit ci-après. Je la plaignois, & je
me plaignois. J'aurois voulu lui dire ;
non, Maman, il n'eft pas néceffaire ; je
vous réponds de moi fans cela : mais
je n'ofois, premièrement, parce que ce
n'étoit pas une chofe à dire, & puis
parce qu'au fond je fentois que cela n'é-
toit pas vrai, & qu'en effet, il n'y avoit
qu'une femme qui pût me garantir des
autres femmes & me mettre à l'épreuve
des tentations. Sans defirer de la pofféder, j'étois bien aife qu'elle m'ôtât le
defir d'en poffeder d'autres ; tant je regardois tout ce qui pouvoit me diftraire
d'elle comme un malheur.

La longue habitude de vivre enfemble, & d'y vivre innocemment, loin
d'affoiblir mes fentimens pour elle,
les avoit renforcés ; mais leur avoit en
même tems donné un autre tournure
qui les rendoit plus affectueux, plus
tendres peut-être, mais moins fenfuels.
A force de l'appeller Maman, à force
d'ufer avec elle de la familiarité d'un fils,
je m'étois accoutumé à me regarder comme tel. Je crois que voilà la véritable

cause du peu d'empreſſement que j'eus de la poſſéder, quoiqu'elle me fût ſi chère. Je me ſouviens très-bien que mes premiers ſentimens, ſans être plus vifs, étoient plus voluptueux. A Annecy j'étois dans l'ivreſſe, à Chambery je n'y étois plus. Je l'aimois toujours auſſi paſſionnément qu'il fut poſſible; mais je l'aimois plus pour elle & moins pour moi, ou du moins je cherchois plus mon bonheur que mon plaiſir auprès d'elle : elle étoit pour moi plus qu'une ſœur, plus qu'une mère, plus qu'une amie, plus même qu'une maitreſſe, & c'étoit pour cela qu'elle n'étoit pas une maitreſſe. Enfin je l'aimois trop pour la convoiter : voilà ce qu'il y a de plus clair dans mes idées.

Ce jour, plutôt redouté qu'attendu, vint enfin. Je promis tout, & je ne mentis pas. Mon cœur confirmoit mes engagemens, ſans en deſirer le prix. Je l'obtins pourtant. Je me vis pour la première fois dans les bras d'une femme, & d'une femme que j'adorois. Fus-je heureux ? non, je goûtai le plaiſir. Je ne ſais quelle invincible triſteſſe en empoiſonnoit le charme. J'étois comme ſi j'avois commis un inceſte. Deux ou trois fois en la preſſant avec tranſport dans mes bras, j'inon-

dai son sein de mes larmes. Pour elle ,
elle n'étoit ni triste, ni vive ; elle étoit
caressante & tranquille. Comme elle
étoit peu sensuelle & n'avoit point recherché la volupté, elle n'en eut pas
les délices , & n'en a jamais eu les remords.

Je le répète : toutes ses fautes lui vinrent de ses erreurs , jamais de ses passions. Elle étoit bien née , son cœur
étoit pur , elle aimoit les choses honnêtes , ses penchans étoient droits & ver-
tueux , son goût étoit délicat , elle étoit
faite pour une élégance de mœurs qu'elle
a toujours aimée , & qu'elle n'a jamais
suivie ; parce qu'au lieu d'écouter son
cœur qui la menoit bien , elle écouta
sa raison qui la menoit mal. Quand des
principes faux l'ont égarée , ses vrais
sentimens les ont toujours démentis :
mais malheureusement elle se piquoit
de philosophie, & la morale qu'elle s'é-
toit faite , gâta celle que son cœur lui
dictoit.

M. de *Tavel*, son premier amant, fut
son maître de philosophie, & les principes qu'il lui donna furent ceux dont
il avoit besoin pour la séduire. La trouvant attachée à son mari , à ses devoirs,
toujours froide , raisonnante & inatta-

quable par les sens, il l'attaqua par des sophismes, & parvint à lui montrer ses devoirs auxquels elle etoit si atttachée comme un bavardage de catéchisme, fait uniquement pour amuser les enfans, l'union des sexes comme l'acte le plus indifférent en soi, la fidélité conjugale comme une apparence obligatoire dont toute la moralité regardoit l'opinion, le repos des maris comme la seule règle du devoir des femmes; ensorte que des infidélités ignorées, nulles pour celui qu'elles offensoient, l'étoient aussi pour la conscience; enfin il lui persuada que la chose en elle - même n'étoit rien, qu'elle ne prenoit d'existence que par le scandale, & que toute femme qui paroissoit sage, par cela seul l'étoit en effet. C'est ainsi que le malheureux parvint à son but en corrompant la raison d'un enfant dont il n'avoit pu corrompre le cœur. Il en fut puni par la plus dévorante jalousie, persuadé qu'elle le traitoit lui-même comme il lui avoit appris à traiter son mari. Je ne sais s'il se trompoit sur ce point. Le ministre P***. passa pour son successeur. Ce que je sais, c'est que le tempérament froid de cette jeune femme qui, l'auroit dû garantir de ce système, fut ce qui l'empêcha dans la suite d'y renoncer. Elle ne pouvoit concevoir qu'on donnât tant d'importance à ce qui n'en avoit point pour elle. Elle n'honora jamais du nom de vertu une abstinence qui lui coûtoit si peu.

Elle n'eut donc guères abusé de ce faux principe pour elle-même ; mais elle en abusa pour autrui, & cela par une autre maxime presqu'aussi fausse, mais plus d'accord avec la bonté de son cœur. Elle a toujours cru que rien n'attachoit tant un homme à une femme que la possession, & quoiqu'elle n'aimât ses amis que d'amitié, c'étoit d'une amitié si tendre, qu'elle employoit tous les moyens qui dépendoient d'elle pour se les attacher plus fortement. Ce qu'il y a d'extraordinaire, est qu'elle a presque toujours réussi. Elle étoit si réellement aimable, que, plus l'intimité dans laquelle on vivoit avec elle étoit grande, plus on y trouvoit de nouveaux sujets de l'aimer. Une autre chose digne de remarque, est qu'après sa première foiblesse elle n'a guères favorisé que des malheureux ; les gens brillans ont tous perdu leur peine auprès d'elle ; mais il falloit qu'un homme qu'elle commençoit par plaindre, fût bien peu aimable ſi elle ne finiſſoit par l'aimer. Quand elle ſe fit des choix peu dignes d'elle , bien loin que ce fût par des inclinations baſſes qui n'approchèrent jamais de ſon noble cœur , ce fut uniquement par ſon caractère trop généreux , trop humain , trop compatiſſant , trop ſenſible , qu'elle ne gouverna pas toujours avec aſſez de diſcernement.

Si quelques principes faux l'ont égarée , combien n'en avoit-elle pas d'admirables dont elle ne ſe départoit jamais? Par combien de vertus ne rachetoit-elle pas ſes foibleſſes , ſi l'on peut appeller de ce nom des erreurs où les ſens avoient ſi peu de part. Ce même homme qui la trompa ſur un point , l'inſtruiſit excellemment ſur mille autres; & ſes paſſions qui n'étoient pas fougueuſes , lui permettant de ſuivre toujours ſes lumières , elle alloit bien quand ſes ſophiſmes ne l'égaroient pas. Ses motifs étoient louables juſques dans ſes fautes ; en s'abuſant elle pouvoit mal faire ; mais elle ne pouvoit vouloir rien qui fût mal. Elle abhorroit la duplicité , le menſonge : elle étoit , juſte , équitable , humaine , déſintéreſſée , fidelle à ſa parole , à ſes amis , à ſes devoirs qu'elle reconnoiſſoit pour tels , incapable de vengeance & de haine,

& ne concevant pas même qu'il y eût le moindre mérite à pardonner. Enfin pour revenir à ce qu'elle avoit de moins excusable , sans estimer ses faveurs ce qu'elles valoient , elle n'en fit jamais un vil commerce ; elle les prodiguoit , mais elle ne les vendoit pas , quoiqu'elle fût sans cesse aux expédiens pour vivre , & j'ose dire que si *Socrate* put estimer *Aspasie* , il eût respecté Madame de *Warens*.

Je sais d'avance qu'en lui donnant un caractère sensible & un temperament froid , je serai accusé de contradiction comme à l'ordinaire & avec autant de raison. Il se peut que la nature ait eu tort , & que cette combinaison n'ait pas dû être ; je sais seulement qu'elle a été. Tous ceux qui ont connu Madame de *Warens* , & dont un si grand nombre existe encore , ont pu savoir qu'elle étoit ainsi. J'ose même ajouter qu'elle n'a connu qu'un seul vrai plaisir au monde ; c'étoit d'en faire à ceux qu'elle aimoit. Toutefois permis à chacun d'argumenter là-dessus tout à son aise , & de prouver doctement que cela n'est pas vrai. Ma fonction est de dire la vérité , mais non pas de la faire croire.

J'appris peu-à-près tout ce que je

viens de dire dans les entretiens qui
fuivirent notre union, & qui feuls la
rendirent delicieufe. Elle avoit eu raifon d'efpérer que fa complaifance me
feroit utile ; j'en tirai pour mon inftruction de grands avantages. Elle m'a-
voit jufqu'alors parlé de moi feul comme
à un enfant. Elle commença de me traiter en homme, & me parla d'elle. Tout
ce qu'elle me difoit m'étoit fi intéreffant, je m'en fentois fi touché que,
me repliant fur moi même, j'appliquois
à mon profit fes confidences plus que
je n'avois fait fes leçons. Quand on fent
vraiment que le cœur parle, le nôtre
s'ouvre pour recevoir fes épanchemens,
& jamais toute la morale d'un pédago-
gue ne vaudra le bavardage affectueux
& tendre d'une femme fenfée pour qui
l'on a de l'attachement.

L'intimité dans laquelle je vivois
avec elle, l'ayant mife à portée de
m'apprécier bien plus avantageufement
qu'elle n'avoit fait, elle jugea que
malgré mon air gauche je valois la
peine d'être cultivé pour le monde, &
que fi je m'y montrois un jour fur un
certain pied, je ferois en état d'y faire
mon chemin. Sur cette idée, elle s'attachoit, non-feulement à former mon

jugement, mais mon extérieur , mes
manières , à me rendre aimable autant
qu'estimable , & s'il est vrai qu'on puisse
allier les succès dans le monde avec la
vertu , ce que pour moi je ne crois pas ,
je suis sûr au moins qu'il n'y a pour cela
d'autre route que celle qu'elle avoit
prise & qu'elle vouloit m'enseigner.
Car Madame *Warens* connoissoit les
hommes , & savoit supérieurement l'art
de traiter avec eux sans mensonge &
sans imprudence , sans les tromper &
sans les fâcher. Mais cet art étoit dans
son caractère bien plus que dans ses leçons , elle savoit mieux le mettre en
pratique que l'enseigner , & j'étois
l'homme du monde le moins propre à
l'apprendre. Aussi tout ce qu'elle fit à
cet égard, fut-il , peu s'en faut, peine
perdue , de même que le soin qu'elle
prit de me donner des maîtres pour la
danse & pour les armes. Quoique leste
& bien pris dans ma taille , je ne pus apprendre à danser un menuet. J'avois tellement pris , à cause de mes cors , l'habitude de marcher du talon , que *Roche*
ne put me la faire perdre , & jamais ,
avec l'air assez ingambe , je n'ai pu sauter un médiocre fossé. Ce fut encore pis
à la salle d'armes. Après trois mois de

leçon je tirois encore à la muraille, hors d'état de faire assaut, & jamais je n'eus le poignet assez souple ou le bras assez ferme pour retenir mon fleuret, quand il plaisoit au maître de le faire sauter. Ajoutez que j'avois un dégoût mortel pour cet exercice & pour le maître qui tâchoit de me l'enseigner. Je n'aurois jamais cru qu'on pût être si fier de l'art de tuer un homme. Pour mettre son vaste génie à ma portée, il ne s'exprimoit que par des comparaisons tirées de la musique qu'il ne savoit point. Il trouvoit des analogies frappantes entre les bottes de tierce & de quarte, & les intervalles musicaux du même nom. Quand il vouloit faire une feinte, il me disoit de prendre garde à ce dièse, parce qu'anciennement les dièses s'appelloient *des feintes* ; quand il m'avoit fait sauter de la main mon fleuret, il disoit en ricanant que c'étoit *une pause*. Enfin je ne vis de ma vie un pédant plus insupportable que ce pauvre homme, avec son plumet & son plastron.

Je fis donc peu de progrès dans mes exercices que je quittai bientôt par pur dégoût ; mais j'en fis davantage dans un art plus utile, celui d'être content de mon sort & de n'en pas désirer un plus

brillant, pour lequel je commençois à
sentir que je n'étois pas né. Livré tout
entier au desir de rendre à Maman la vie
heureuse, je me plaisois toujours plus
auprès d'elle, & quand il falloit m'en
éloigner pour courir en ville, malgré
ma passion pout la musique, je commençois à sentir la gêne de mes leçons.

J'ignore si Claude *Anet* s'apperçut de
l'intimité de notre commerce. J'ai lieu
de croire qu'il ne lui fut pas caché. C'é-
un garçon très-clairvoyant, mais très-
discret, qui ne parloit jamais contre sa
pensée, mais qui ne la disoit pas toujours. Sans me faire le moindre semblant qu'il fût instruit, par sa conduite
il paroissoit l'être, & cette conduite ne
venoit sûrement pas de bassesse d'ame,
mais de ce qu'étant entré dans les principes de sa maitresse, il ne pouvoit dé-
sapprouver qu'elle agît conséquemment.
Quoiqu'aussi jeune qu'elle, il étoit si
mûr & si grave, qu'il nous regardoit
presque comme deux enfans dignes
d'indulgence, & nous le regardions
l'un & l'autre comme un homme res-
pectable, dont nous avions l'estime à
ménager. Ce ne fut qu'après qu'elle lui
fut infidelle que je connus bien tout
l'attachement qu'elle avoit pour lui.

Comme elle savoit que je ne pensois, ne sentois, ne respirois que par elle, elle me montroit combien elle l'aimoit afin que je l'aimasse de même, & elle appuyoit encore moins sur son amitié pour lui que sur son estime, parce que c'étoit le sentiment que je pouvois partager le plus pleinement. Combien de fois elle attendrit nos cœurs & nous fit embrasser avec larmes, en nous disant que nous étions nécessaires tous deux au bonheur de sa vie ; & que les femmes qui liront ceci ne sourient pas malignement. Avec le tempérament qu'elle avoit, ce besoin n'étoit pas équivoque : c'étoit uniquement celui de son cœur.

Ainsi s'établit entre nous trois une société sans autre exemple peut-être sur la terre. Tous nos vœux, nos soins, nos cœurs étoient en commun. Rien n'en passoit au-delà de ce petit cercle. L'habitude de vivre ensemble & d'y vivre exclusivement, devint si grande, que si dans nos repas un des trois manquoit ou qu'il vînt un quatrième, tout étoit dérangé, & malgré nos liaisons particulières, les tête-à-têtes nous étoient moins doux que la réunion. Ce qui prévenoit entre nous la gêne étoit une extrême

confiance réciproque , & ce qui prévenoit l'ennui étoit que nous étions tous
fort occupés. Maman . toujours projet-
tante & toujours agiſſante , ne nous
laiſſoit guères oiſifs ni l'un ni l'autre , &
nous avions encore chacun pour notre
compte de quoi bien remplir notre tems.
Selon moi , le déſœuvrement n'eſt pas
moins le fléau de la ſociété que celui de
la ſolitude. Rien ne rétrécit plus l'eſprit,
rien n'engendre plus de riens , de rapports , de paquets , de tracaſſeries , de
menſonges , que d'être éternellement
renfermés vis-à-vis les uns des autres
dans une chambre , réduits pour tout
ouvrage à la néceſſité de babiller continuellement. Quand tout le monde eſt
occupé , l'on ne parle que quand on a
quelque choſe à dire; mais quand on ne
fait rien , il faut abſolument parler toujours , & voilà de toutes les gênes la
plus incommode & la plus dangereuſe.
J'oſe même aller plus loin , & je ſoutiens
que pour rendre un cercle vraiment
agréable , il faut non - ſeulement que
chacun y faſſe quelque choſe , mais quelque choſe qui demande un peu d'attention. Faire des nœuds, c'eſt ne rien faire,
& il faut tout autant de ſoins pour amu-
une femme qui fait des nœuds que celle

qui tient les bras croifés. Mais quand elle
brode c'eft autre chofe; elle s'occupe pour
affez remplir les intervalles du filence.
Ce qu'il y a de choquant, de ridicule,
eft de voir pendant ce tems une douzaine
de flandrins fe lever, s'affeoir, aller,
venir, pirouetter fur leurs talons, retourner deux cent fois les magots de la
cheminée, & fatiguer leur minerve à
maintenir un intariffable flux de paroles: la belle occupation! Ces gens-là,
quoi qu'ils faffent, feront toujours à
charge aux autres & à eux - mêmes.
Quand j'étois à Moitiers, j'allois faire
des lacets chez mes voifines; fi je retournois dans le monde, j'aurois toujours dans ma poche un bilboquet, &
j'en jouerois toute la journée pour me
difpenfer de parler quand je n'aurois
rien à dire. Si chacun en faifoit autant,
les hommes deviendroient moins méchans, leur commerce deviendroit plus
fûr, &, je penfe, plus agréable. Enfin
que les plaifans rient s'ils veulent, mais
je foutiens que la feule morale à la portée du préfent fiècle eft la morale du
bilboquet.

Au refte, on ne nous laiffoit guères
le foin d'éviter l'ennui par nous-mêmes,
& les importuns nous en donnoient trop

par leur affluence , pour nous en laisser quand nous restions seuls. L'impatience qu'ils m'avoient donnée autrefois n'étoit pas diminuée, & toute la différence étoit que j'avois moins de tems pour m'y livrer. La pauvre Maman n'avoit point perdu son ancienne fantaisie d'entreprises & de systèmes. Au contraire, plus ses besoins domestiques devenoient pressans, plus, pour y pourvoir, elle se livroit à ses visions. Moins elle avoit de ressources présentes , plus elle s'en forgeoit dans l'avenir. Le progrès des ans ne faisoit qu'augmenter en elle cette manie, & à mesure qu'elle perdoit le goût des plaisirs du monde & de la jeunesse, elle le remplaçoit par celui des secrets & des projets. La maison ne désemplissoit pas de charlatans, de fabriquans, de souffleurs, d'entrepreneurs de toute espèce, qui, distribuant par millions la fortune, finissoient par avoir besoin d'un écu. Aucun ne sortoit de chez elle à vuide, & l'un de mes étonnemens est qu'elle ait pu suffire aussi long-tems à tant de profusions sans en épuiser la source, & sans lasser ses créanciers.

Le projet dont elle étoit le plus occu-

pée au tems dont je parle, & qui n'étoit
pas le plus deraisonnable qu'elle eût
formé, étoit de faire établir à Chambery un jardin royal de plantes avec un
démonstrateur appointé, & l'on com-
prend d'avance à qui cette place étoit
destinée. La position de cette ville au
milieu des Alpes, étoit très-favorable à
la botanique, & Maman, qui facilitoit
toujours un projet par un autre, y joi-
gnoit celui d'un collége de pharmacie,
qui véritablement paroissoit très-utile
dans un pays aussi pauvre, où les apo-
thicaires sont presque les seuls médecins. La retraite du Protomédecin *Grossi*
à Chambery, après la mort du Roi Victor, lui parut favoriser beaucoup cette
idée, & la lui suggéra peut-être. Quoi
qu'il en soit, elle se mit à cajoler *Grossi*,
qui pourtant n'étoit pas trop cajolable;
car c'étoit bien le plus caustique & le
plus brutal Monsieur que j'aye jamais
connu. On en jugera par deux ou trois
traits que je vais citer pour échantillon.

Un jour il étoit en consultation avec
d'autres Médecins, un entr'autres qu'on
avoit fait venir d'Anneci, & qui étoit le
Médecin ordinaire du malade. Ce jeune
homme, encore mal appris pour un
Médecin,

Médecin, ofa n'être pas de l'avis de M. le *Proto.* Celui-ci, pour toute réponfe, lui demanda quand il s'en retournoit, par où il paffoit, & quelle voiture il prenoit? L'autre, après l'avoir fatisfait, lui demande à fon tour s'il y a quelque chofe pour fon fervice. Rien, rien, dit *Groffi,* finon, que je veux m'aller mettre à une fenêtre fur votre paffage, pour avoir le plaifir de voir un âne à cheval. Il étoit auffi avare que riche & dur. Un de fes amis lui voulut un jour emprunter de l'argent avec de bonnes fûretés. Mon ami, lui dit-il en lui ferrant le bras & grinçant les dents, quand Saint Pierre defcendroit du Ciel pour m'emprunter dix piftoles, & qu'il me donneroit la Trinité pour caution, je ne les lui prêterois pas. Un jour, invité à dîner chez le Comte *Picon,* Gouverneur de Savoye & très-dévot, il arrive avant l'heure, & S. E. alors occupée à dire le rofaire, lui en propofe l'amufement. Ne fachant trop que répondre, il fait une grimace affreufe & fe met à genoux. Mais à peine avoit-il récité deux *Ave,* que, n'y pouvant plus tenir, il fe lève brufquement, prend fa canne & s'en va fans dire mot. Le Comte *Picon* court

II. Partie. G

après, & lui crie : M. *Groſſi*, M. *Groſſi*, reſtez donc ; vous avez là-bas à la broche une excellente bartavelle. M. le Comte, lui répond l'autre en ſe retournant, vous me donneriez un ange rôti que je ne reſterois pas. Voilà quel étoit M. le Protomédecin *Groſſi*, que Maman entreprit & vint à bout d'apprivoiſer. Quoiqu'extrêmement occupé, il s'accoutuma à venir très-ſouvent chez elle, prit *Anet* en amitié, marqua faire cas de ſes connoiſſances, en parloit avec eſtime, &, ce qu'on n'auroit pas attendu d'un pareil ours, affectoit de le traiter avec conſidération pour effacer les impreſſions du paſſé. Car, quoiqu'*Anet* ne fût plus ſur le pied d'un domeſtique, on ſavoit qu'il l'avoit été, & il ne falloit pas moins que l'exemple & l'autorité de M. le Protomédecin, pour donner à ſon égard le ton qu'on n'auroit pas pris de tout autre. Claude *Anet*, avec un habit noir, une perruque bien peignée, un maintien grave & décent, une conduite ſage & circonſpecte, des connoiſſances aſſez étendues en matière médicale & en botanique, & la faveur du chef de la Faculté, pouvoit raiſonnablement eſpérer de remplir avec applaudiſſement la place de Dé-

monftrateur Royal des plantes , fi l'éta-
bliffement projetté avoit lieu , & réellement *Groffi* en avoit goûté le plan ,
l'avoit adopté , & n'attendoit , pour le
propofer à la Cour , que le moment
où la paix permettroit de fonger aux
chofes utiles , & laifferoit difpofer de
quelque argent pour y pourvoir.

Mais ce projet , dont l'exécution
m'eut probablement jetté dans la botanique pour laquelle il me femble que
j'étois né , manqua par un de ces coups
inattendus qui renverfent les deffeins
les mieux concertés. J'étois deftiné à
devenir par degrés un exemple des mi-
fères humaines. On diroit que la Providence , qui m'appelloit à ces grandes
épreuves , écartoit de fa main tout ce
qui m'eût empêché d'y arriver. Dans
une courfe qu'*Anet* avoit faite au haut
des montagnes pour aller chercher du
Génipi , plante rare qui ne croît que fur
les Alpes , & dont M. *Groffi* avoit befoin , ce pauvre garçon s'échauffa tellement qu'il gagna une pleuréfie dont le
Génipi ne put le fauver , quoiqu'il y
foit , dit - on , fpécifique , & malgré
tout l'art de *Groffi* , qui certainement
étoit un très - habile homme , malgré
les foins infinis que nous prîmes de lui

sa bonne maitresse & moi, il mourut le cinquième jour entre nos mains, après la plus cruelle agonie, durant laquelle il n'eut d'autres exhortations que les miennes, & je les lui prodiguai avec des élans de douleur & de zèle, qui, s'il étoit en état de m'entendre, devoient être de quelque consolation pour lui. Voilà comment je perdis le plus solide ami que j'eus en toute ma vie, homme estimable & rare, en qui la nature tint lieu d'éducation, qui nourrit dans la servitude toutes les vertus des grands hommes, & à qui peut-être il ne manqua, pour se montrer tel à tout le monde, que de vivre & d'être placé.

Le lendemain, j'en parlois avec Maman dans l'affliction la plus vive & la plus sincère, & tout d'un coup au milieu de l'entretien, j'eus la vile & indigne pensée que j'héritois de ses nippes, & sur-tout d'un bel habit noir qui m'avoit donné dans la vue. Je le pensai, par conséquent je le dis; car près d'elle c'étoit pour moi la même chose. Rien ne lui fit mieux sentir la perte qu'elle avoit faite, que ce lâche & odieux mot; le désintéressement & la noblesse d'ame étant des qualités que

le défunt avoit éminement poffédées.
La pauvre femme, fans rien répondre,
fe tourna de l'autre côté & fe mit à
pleurer. Chères & précieufes larmes !
Elles furent entendues, & coulèrent
toutes dans mon cœur ; elles y lavèrent
jufqu'aux dernières traces d'un fentiment bas & mal-honnête ; il n'y en
eft jamais entré depuis ce tems-là.

Cette perte caufa à Maman autant
de préjudice que de douleur. Depuis
ce moment, fes affaires ne ceffèrent
d'aller en décadence. *Anet* étoit un garçon exact & rangé qui maintenoit l'ordre dans la maifon de fa maitreffe. On
craignoit fa vigilance, & le gafpillage
étoit moindre. Elle même craignoit fa
cenfure, & fe contenoit davantage dans
fes diffipations. Ce n'étoit pas affez pour
elle de fon attachement, elle vouloit
conferver fon eftime, & elle redoutoit
le jufte reproche qu'il ofoit quelquefois
lui faire, qu'elle prodiguoit le bien
d'autrui autant que le fien. Je penfois
comme lui, je le difois même ; mais
je n'avois pas le même afcendant fur
elle, & mes difcours n'en impofoient
pas comme les fiens. Quand il ne fut
plus, je fus bien forcé de prendre fa
place, pour laquelle j'avois auffi peu

d'aptitude que de goût ; je la remplis mal. Jétois peu foigneux, j'étois fort timide ; tout en grondant à-part-moi, je laiffois tout aller comme il alloit. D'ailleurs, j'avois bien obtenu la même confiance ; mais non pas la même autorité. Je voyois le défordre, j'en gémiffois, je m'en plaignois, & je n'étois pas écouté. J'étois trop jeune & trop vif pour avoir le droit d'être raifonnable, & quand je voulois me mêler de faire le cenfeur, Maman me donnoit de petits foufflets de careffes, m'appelloit fon petit mentor, & me forçoit à reprendre le rôle qui me convenoit.

Le fentiment profond de la détreffe où fes dépenfes peu mefurées devoient néceffairement la jetter tôt ou tard, me fit une impreffion d'autant plus forte, qu'étant devenu l'infpecteur de fa maifon, je jugeois par moi-même de l'inégalité de la balance entre le *doit* & l'*avoir*. Je date de cette époque le penchant à l'avarice que je me fuis toujours fenti depuis ce tems-là. Je n'ai jamais été follement prodigue que par bourafques ; mais jufqu'alors je ne m'étois jamais beaucoup inquiété fi j'avois peu ou beaucoup d'argent. Je commençai à faire cette attention, & à prendre du souci de ma bourse. Je devenois vilain par un motif très-noble ; car en vérité je ne songeois qu'à ménager à Maman quelque ressource dans la catastrophe que je prévoyois. Je craignois que ses créanciers ne fissent saisir sa pension, qu'elle ne fût tout-à-fait supprimée, & je m'imaginois, selon mes vues étroites, que mon petit magot lui seroit alors d'un grand secours. Mais pour le faire & sur-tout pour le conserver, il falloit me cacher d'elle ; car il n'eût pas convenu, tandis qu'elle étoit aux expédiens, qu'elle eût su que j'avois de l'argent mignon. J'allois donc cherchant par-ci par-là de petites cachettes où je fourrois quelque louis en dépôt, comptant augmenter ce dépôt sans cesse jusqu'au moment de le mettre à ses pieds. Mais j'étois si mal-adroit dans le choix de mes cachettes, qu'elle les éventoit toujours ; puis pour m'apprendre qu'elle les avoit trouvées, elle ôtoit l'or que j'y avois mis, & en mettoit davantage en autres espèces. Je venois tout honteux rapporter à la bourse commune mon petit trésor, & jamais elle ne manquoit de l'employer en nippes ou meubles à mon profit, comme épée d'argent, montre, ou autre chose pareille.

G iv

Bien convaincu qu'accumuler ne me réuſſiroit jamais & ſeroit pour elle une mince reſſource, je ſentis enfin que je n'en avois point d'autre contre le malheur que je craignois que de me mettre en état de pourvoir par moi-même à ſa ſubſiſtance, quand ceſſant de pourvoir à la mienne, elle verroit le pain prêt à lui manquer. Malheureuſement jettant mes projets du côté de mes goûts, je m'obſtinois à chercher follement ma fortune dans la muſique, & ſentant naître des idées & des chants dans ma tête, je crus qu'auſſitôt que je ſerois en état d'en tirer parti j'allois devenir un homme célèbre, un Orphée moderne, dont les ſons devoient attirer tout l'argent du Pérou. Ce dont il s'agiſſoit pour moi, commençant à lire paſſablement la muſique, étoit d'apprendre la compoſition. La difficulté étoit de trouver quelqu'un pour me l'enſeigner ; car avec mon Rameau ſeul, je n'eſpérois pas y parvenir par moi-même, & depuis le départ de M. le *Maître*, il n'y avoit perſonne en Savoye qui entendît rien à l'harmonie.

Ici l'on va voir encore une de ces inconſéquences dont ma vie eſt remplie, & qui m'ont fait si souvent aller contre mon but, lors même que j'y pensois tendre directement. *Venture* m'avoit beaucoup parlé de l'abbé *Blanchard*, son maître de composition, homme de mérite & d'un grand talent, qui pour lors étoit maître de musique de la cathédrale de Besançon, & qui l'est maintenant de la Chapelle de Versailles. Je me mis en tête d'aller à Besançon prendre leçon de l'abbé *Blanchard*, & cette idée me parut si raisonnable, que je parvins à la faire trouver telle à Maman. La voilà travaillant à mon petit équipage, & cela avec la profusion qu'elle mettoit à toute chose. Ainsi toujours avec le projet de prévenir une banqueroute & de réparer dans l'avenir l'ouvrage de sa dissipation, je commençai dans le moment même par lui causer une dépense de huit cents francs : j'accélerois sa ruine pour me mettre en état d'y remédier. Quelque folle que fût cette conduite. l'illusion étoit entière de ma part & même de la sienne. Nous étions persuadés l'un & l'autre, moi que je travaillois utilement pour elle, elle que je travaillois utilement pour moi.

J'avois compté trouver *Venture* encore à Annecy, & lui demander une lettre pour l'abbé *Blanchard*. Il n'y étoit plus. Il fallut pour tout renseignement me contenter d'une Messe à quatre parties de sa composition & de sa main qu'il m'avoit laissée. Avec cette recommandation je vais à Besançon passant par Geneve où je fus voir mes parens, & par Nion où je fus voir mon père, qui me reçut comme à son ordinaire, & se chargea de me faire parvenir ma malle qui ne venoit qu'après moi, parce que j'étois à cheval. J'arrive à Besançon. L'abbé *Blanchard* me reçoit bien, me promet ses instructions & m'offre ses services. Nous étions prêts à commencer, quand j'apprends par une lettre de mon père que ma malle a été saisie & confisquée aux *Rousses*, Bureau de France sur les frontières de Suisse. Effrayé de cette nouvelle j'emploie les connoissances que je m'étois faites à Besançon pour savoir le motif de cette confiscation; car bien sûr de n'avoir point de contrebande, je ne pouvois concevoir sur quel prétexte on l'avoit pu fonder. Je l'apprends enfin : il faut le dire, car c'est un fait curieux.

Je voyois à Chambery un vieux

Lyonnois, fort bon homme, appellé M. *Duvivier*, qui avoit travaillé au *Visa* sous la Régence, & qui faute d'emploi étoit venu travailler au cadastre. Il avoit vécu dans le monde ; il avoit des talens, quelque savoir, de la douceur, de la politesse, il savoit la musique, & comme j'étois de chambrée avec lui, nous nous étions liés de préférence au milieu des ours malléchés qui nous entouroient. Il avoit à Paris des correspondances qui lui fournissoient ces petits riens, ces nouveautés éphémères, qui courent, on ne sait pourquoi, qui meurent, on ne sait comment, sans que jamais personne y repense quand on a cessé d'en parler. Comme je le menois quelquefois diner chez Maman, il me faisoit sa cour en quelque sorte, & pour se rendre agréable, il tâchoit de me faire aimer ces fadaises, pour lesquelles j'eus toujours un tel dégoût qu'il ne m'est arrivé de la vie d'en lire une à moi seul. Malheureusement un de ces maudits papiers resta dans la poche de veste d'un habit neuf que j'avois porté deux ou trois fois pour être en règle avec les Commis. Ce papier étoit une parodie Janséniste assez plate de la belle scène

du Mithridate de *Racine*. Je n'en avois
pas lu dix vers & l'avois laiffé par oubli
dans ma poche. Voilà ce qui fit con-
fifquer mon équipage. Les Commis firent à la tête de l'inventaire de cette
malle un magnique procès-verbal, où,
fuppofant que cet écrit venoit de Geneve pour être imprimé & diftribué en
France, ils s'étendoient en faintes in-
vectives contre les ennemis de Dieu
& de l'Eglife, & en éloges de leur
pieufe vigilance qui avoit arrêté l'exécution de ce projet infernal. Ils trou-
vèrent fans doute que mes chemifes
fentoient auffi l'héréfie ; car en vertu
de ce terrible papier tout fut confif-
qué, fans que jamais j'aie eu ni raifon
ni nouvelle de ma pauvre pacotille.
Les gens des fermes à qui l'on s'adreffa
demandoient tant d'inftructions , de
renfeignemens, de certificats, de mémoires, que me perdant mille fois dans
ce labyrinte , je fus contraint de tout
abandonner. J'ai un vrai regret de n'a-
voir pas confervé le procès-verbal du
bureau des Rouffes. C'étoit une pièce
à figurer avec diftinction parmi celles
dont le recueil doit accompagner cet
écrit.

Cette perte me fit venir à Chambery tout de suite sans avoir rien fait avec l'abbé *Blanchard*, & tout bien pesé, voyant le malheur me suivre dans toutes mes entreprises, je résolus de m'attacher uniquement à Maman, de courir sa fortune, & de ne plus m'inquiéter inutilement d'un avenir auquel je ne pouvois rien. Elle me reçut comme si j'avois rapporté des trésors, remonta peu-à-peu ma petite garderobe, & mon malheur, assez grand pour l'un & pour l'autre, fut presque aussi-tôt oublié qu'arrivé.

Quoique ce malheur m'eût refroidi sur mes projets de musique, je ne laissois pas d'étudier toujours mon Rameau, & à force d'efforts je parvins enfin à l'entendre & à faire quelques petits essais de composition dont le succès m'encouragea. Le Comte de *Bellegarde*, fils du Marquis d'*Antremont*, étoit revenu de Dresde après la mort du Roi *Auguste*. Il avoit vécu long-tems à Paris, il aimoit extrêmement la musique, & avoit pris en passion celle de *Rameau*. Son frère le Comte de *Nangis* jouoit du violon, Madame la Comtesse *la Tour* leur sœur chantoit un peu. Tout cela mit à Chambery la musique à la mode, & l'on éta-

blit une manière de concert public,
dont on voulut d'abord me donner la
direction ; mais on s'apperçut bientôt
qu'elle passoit mes forces, & l'on s'arrangea autrement. Je ne laissois pas
d'y donner quelques petits morceaux
de ma façon, & entr'autres une cantate qui plût beaucoup. Ce n'étoit pas
une pièce bien faite, mais elle étoit
pleine de chants nouveaux & de choses
d'effet, que l'on n'attendoit pas de
moi. Ces Messieurs ne purent croire,
que lisant si mal la musique, je fusse
en état d'en composer de passable, &
ils ne doutèrent pas que je ne me fusse
fait honneur du travail d'autrui. Pour
vérifier la chose, un matin M. de *Nangis* vint me trouver avec une cantate de
Clerambault qu'il avoit transposée, di-
soit-il, pour la commodité de la voix,
& à laquelle il falloit faire une autre
basse ; la transposition rendant celle de
Clerambault impraticable sur l'instru-
ment, je répondis que c'étoit un travail considérable & qui ne pouvoit être
fait sur-le-champ. Il crut que cherchois
une défaite, & me pressa de lui faire au
moins la basse d'un récitatif. Je la fis
donc, mal sans doute, parce qu'en
toute chose il me faut pour bien faire,

mes aifes & la liberté; mais je la fis
du moins dans les règles, & comme
il étoit préfent, il ne put douter que je
ne fuffe les élémens de la compofition
Ainfi je ne perdis pas mes écolières,
mais je me refroidis un peu fur la mufique, voyant qu'on faifoit un concert
& que l'on s'y paffoit de moi.

Ce fut à-peu-près dans ce tems-là
que, la paix étant faite, l'armée Françoife repaffa les monts. Plufieurs Offi-
ciers vinrent voir Maman; entr'autres
M. le Comte de *Lautrec*, colonel du régiment d'Orléans, depuis Plénipoten-
tiaire à Genève, & enfin Maréchal de
France; auquel elle me préfenta. Sur ce
qu'elle lui dit, il parut s'intéreffer beaucoup à moi, & me promit beaucoup de
chofes, dont il ne s'eft fouvenu que la
dernière année de fa vie, lorfque je n'a-
vois plus befoin de lui. Le jeune Marquis de *Senneßerre*, dont le père étoit
alors Ambaffadeur à Turin, paffa dans
le même tems à Chambery. Il dîna chez
Madame de *Menthon*; j'y dînois auffi
ce jour-là. Après le dîné il fut queftion
de mufique; il la favoit très-bien. L'o-
péra de Jephté étoit alors dans fa nouveauté; il en parla, on le fit apporter.
Il me fit frémir en me propofant d'exé-

cuter à nous deux cet opéra, & tout en ouvrant le livre il tomba fur ce morceau célèbre à deux chœurs :

La Terre, l'Enfer, le Ciel même,
Tout tremble devant le Seigneur.

Il me dit : combien voulez-vous faire de parties? Je ferai pour ma part ces fix-là. Je n'étois pas encore accoutumé à cette pétulance Françoife, & quoique j'euffe quelquefois annoncé des partitions, je ne comprenois pas comment le même homme pouvoit faire en même tems fix parties ni même deux. Rien ne m'a plus coûté dans l'exercice de la mufique, que de fauter ainfi légèrement d'une partie à l'autre, & d'avoir l'œil à la fois fur toute une partition. A la manière dont je me tirai de cette entreprife, M. de *Senneterre* dut être tenté de croire que je ne favois pas la mufique. Ce fut peut-être pour vérifier ce doute qu'il me propofa de noter une chanfon qu'il vouloit donner à Mademoifelle de *Menthon*. Je ne pouvois m'en défendre. Il chanta la chanfon; je l'écrivis, même fans le faire beaucoup répéter. Il la lut enfuite, & trouva, comme il étoit vrai, qu'elle étoit très-correctement notée. Il avoit vu mon embarras, il prit plaisir à faire valoir ce petit succès. C'étoit pourtant une chose très-simple. Au fond je savois fort bien la musique, je ne manquois que de cette vivacité du premier conp-d'œil que je n'eus jamais sur rien, & qui ne s'acquiert en musique que par une pratique consommée. Quoi qu'il en soit, je fus sensible à l'honnête soin qu'il prit d'effacer dans l'esprit des autres & dans le mien la petite honte que j'avois eue ; & douze ou quinze ans après, me rencontrant avec lui dans diverses maisons de Paris, je fus tenté plusieurs fois de lui rappeller cette anecdote, & de lui montrer que j'en gardois le souvenir. Mais il avoit perdu les yeux depuis ce tems-là. Je craignis de lui renouveller ses regrets en lui rappellant l'usage qu'il en avoit su faire, & je me tus.

Je touche au moment qui commence à lier mon existence passée avec la présente. Quelques amitiés de ce tems-là prolongées jusqu'à celui ci me sont devenues bien précieuses. Elles m'ont souvent fait regretter cette heureuse obscurité où ceux qui se disoient mes amis l'étoient & m'aimoient pour moi, par pure bienveillance, non par la vanité d'avoir des liaisons avec un homme connu, par le desir secret de trouver ainsi plus d'occasions de lui nuire. C'est d'ici que je date ma première connoissance avec mon vieux ami *Gauffecourt*, qui m'est toujours resté, malgré les efforts qu'on a faits pour me l'ôter. Toujours resté! non. Hélas! je viens de le perdre. Mais il n'a cessé de m'aimer qu'en cessant de vivre, & notre amitié n'a fini qu'avec lui. M. de *Gauffecourt* étoit un des hommes les plus aimables qui aient existé. Il étoit impossible de le voir sans l'aimer, & de vivre avec lui sans s'y attacher tout-à-fait. Je n'ai vu de ma vie une physionomie plus ouverte, plus caressante, qui eût plus de sérénité, qui marquât plus de sentiment & d'esprit, qui inspirât plus de confiance. Quelque réservé qu'on pût être, on ne pouvoit, dès la première vue, se défendre d'être aussi familier avec lui, que si on l'eût connu depuis vingt ans, & moi, qui avois tant de peine d'être à mon aise avec les nouveaux visages, j'y fus avec lui du premier moment. Son ton, son accens, son propos, accompagnoient parfaitement sa physionomie. Le son de sa voix étoit net, plein, bien timbré; une voix de basse étoffée &

mordante qui rempliffoit l'oreille &
fonnoit au cœur. Il eft impoffible d'avoir
une gaieté plus égale & plus douce,
des graces plus vraies & plus fimples,
des talens plus naturels & cultivés avec
plus de goût. Joignez à cela un cœur
aimant, mais aimant un peu trop tout
le monde, un caractère officieux avec
peu de choix, fervant fes amis avec
zèle, ou plutôt fe faifant l'ami des gens
qu'il pouvoit fervir, & fachant faire
très-adroitement fes propres affaires en
faifant très-chaudement celles d'autrui.
Gauffecourt étoit fils d'un fimple horloger & avoit été horloger lui-même.
Mais fa figure & fon mérite l'appelloient
dans une autre fphère, où il ne tarda
pas d'entrer. Il fit connoiffance avec
M. de la *Clofure*, Réfident de France à
Genève, qui le prit en amitié. Il lui
procura à Paris d'autres connoiffances
qui lui furent utiles, & par lefquelles il
parvint à avoir la fourniture des fels du
Valais, qui lui valoit vingt mille livres
de rentes. Sa fortune, affez belle, fe borna
là du côté des hommes, mais du côté
des femmes la preffe y étoit; il eut à
choifir, & fit ce qu'il voulut. Ce qu'il y
eut de plus rare, & de plus honorable
pour lui, fut qu'ayant des liaifons dans

tous les états, il fut par-tout chéri, recherché de tout le monde fans jamais être envié ni haï de perfonne, & je crois qu'il eft mort fans avoir eu de fa vie un feul ennemi. Heureux homme! Il venoit tous les ans aux bains d'Aix où fe raffemble la bonne compagnie des pays voifins. Lié avec toute la nobleffe de Savoye, il venoit d'Aix à Chambery voir le Comte de *Bellegarde* & fon père le Marquis d'*Antremont*, chez qui Maman fit & me fit faire connoiffance avec lui. Cette connoiffance, qui fembloit devoir n'aboutir à rien & fut nombre d'années interrompue, fe renouvella dans l'occafion que je dirai, & devint un véritable attachement. C'eft affez pour m'autorifer à parler d'un ami avec qui j'ai été fi étroitement lié; mais quand je ne prendrois aucun intérêt perfonnel à fa mémoire, c'étoit un homme fi aimable & fi heureufement né, que pour l'honneur de l'efpèce humaine je la croirois toujours bonne à conferver. Cet homme fi charmant avoit pourtant fes défauts, ainfi que les autres, comme on pourra voir ci-après; mais s'il ne les eût pas eus, peut-être eût-il été moins aimable. Pour le rendre intéreffant autant qu'il pouvoit l'être, il falloit qu'on eût quelque chofe à lui pardonner.

Une autre liaifon du même tems n'eft pas éteinte, & me leurre encore de cet efpoir du bonheur temporel qui meurt fi difficilement dans le cœur de l'homme. M. de *Conzié*, gentilhomme Savoyard, alors jeune & aimable, eut la fantaifie d'apprendre la mufique, ou plutôt de faire connoiffance avec celui qui l'enfeignoit. Avec de l'efprit, & du goût pour les belles connoiffances, M. de *Conzié* avoit une douceur de caractère qui le rendoit très-liant, & je l'étois beaucoup moi-même pour les gens en qui je la trouvois. La liaifon fut bientôt faite. Le germe de littérature & de philofophie qui commençoit à fermenter dans ma tête, & qui n'attendoit qu'un peu de culture & d'émulation pour fe développer tout-à-fait, les trouvoit en lui. M. de *Conzié* avoit peu de difpofition pour la mufique ; ce fut un bien pour moi : les heures des leçons fe paffoient à toute autre chofe qu'à folfier. Nous déjeûnions, nous caufions, nous lifions quelques nouveautés, & pas un mot de mufique. La correfpondance de Voltaire avec le Prince Royal de Pruffe, faifoit du bruit alors ; nous nous entretenions fouvent de ces deux hommes célèbres , dont l'un depuis peu fur le trône , s'annonçoit déjà tel qu'il devoit dans peu fe montrer , & dont l'autre auffi décrié, qu'il eft admiré maintenant , nous faifoit plaindre fincérement le malheur qui fembloit le pourfuivre , & qu'on voit fi fouvent être l'appanage des grands talens. Le Prince de Pruffe avoit été peu heureux dans fa jeuneffe , & Voltaire fembloit fait pour ne l'être jamais. L'intérêt que nous prenions à l'un & à l'autre, s'étendoit à tout ce qui s'y rapportoit. Rien de tout ce qu'écrivoit Voltaire ne nous échappoit. Le goût que je pris à ces lectures m'infpira le defir d'apprendre à écrire avec élégance, & de tâcher d'imiter le beau coloris de cet auteur dont j'étois enchanté. Quelque tems après fes lettres philofophiques, quoiqu'elles ne foient affurément fon meilleur ouvrage, ce fut celui qui m'attira le plus vers l'étude , & ce goût naiffant ne s'éteignit plus depuis ce tems-là.

Mais le moment n'étoit pas venu de m'y livrer tout de bon. Il me reftoit encore une humeur un peu volage, un defir d'aller & venir qui s'étoit plutôt borné qu'éteint, & que nourriffoit le train de la maifon de Madame de *Wa-*

rens, trop bruyant pour mon humeur solitaire. Ce tas d'inconnus qui lui affluoient journellement de toutes parts, & la persuasion où j'étois que ces gens-là ne cherchoient qu'à la duper chacun à sa manière, me faisoient un vrai tourment de mon habitation. Depuis qu'ayant succédé à Claude *Anet* dans la confidence de sa maîtresse, je suivois de plus près l'état de ses affaires, j'y voyois un progrès en mal, dont j'étois effrayé. J'avois cent fois remontré, prié, pressé, conjuré, & toujours inutilement. Je m'étois jetté à ses pieds, je lui avois fortement représenté la catastrophe qui la menaçoit, je l'avois vivement exhortée à réformer sa dépense, à commencer par moi, à souffrir plutôt un peu, tandis qu'elle étoit encore jeune, que, multipliant toujours ses dettes & ses créanciers, de s'exposer sur ses vieux jours à leurs vexations & à la misère. Sensible à la sincérité de mon zèle, elle s'attendrissoit avec moi, & me promettoit les plus belles choses du monde. Un croquant arrivoit-il ? A l'instant tout étoit oublié. Après mille épreuves de l'inutilité de mes remontrances, que me restoit-il à faire que de détourner les yeux du mal que je ne pouvois prévenir ? Je m'éloignois de la maison dont je ne pouvois garder la porte ; je faifois de petits voyages à Genève, à Lyon, qui m'étourdiffant fur ma peine fecrette, en augmentoient en même tems le fujet par ma dépenfe. Je puis jurer que j'en aurois fouffert tous les retranchemens avec joie, fi Maman eût vraiment profité de cette épargne ; mais certain que ce que je me refufois, paffoit à des frippons, j'abufois de fa facilité pour partager avec eux, & comme le chien qui revient de la boucherie, j'emportois mon lopin du morceau que je n'avois pu fauver.

Les prétextes ne me manquoient pas pour tous ces voyages, & Maman feule m'en eût fourni de refte, tant elle avoit par-tout de liaifons, de négociations, d'affaires, de commiffions à donner à quelqu'un de fûr. Elle ne demandoit qu'à m'envoyer, je ne demandois qu'à aller ; cela ne pouvoit manquer de faire une vie ambulante. Ces voyages me mirent à portée de faire quelques bonnes connoiffances, qui m'ont été dans la fuite agréables ou utiles : entr'autres à Lyon celle de M. *Perrichon*, que je me reproche de n'avoir pas affez cultivé, vu les bontés qu'il a eues pour

moi ;

moi; celle du bon *Parisot*, dont je par-
lerai dans son tems : à Grenoble celles
de Madame *Deybens*, & de Madame
la Présidente de *Bardonanche*, femme
de beaucoup d'esprit, & qui m'eût pris
en amitié si j'avois été à portée de la
voir plus souvent : à Genève celle de
M. de la *Closure*, Résident de France,
qui me parloit souvent de ma mère,
dont malgré la mort & le tems, son
cœur n'avoit pu se déprendre ; celle des
deux *Barrillot*, dont le père, qui m'appelloit son petit-fils, étoit d'une société très-aimable, & l'un des plus dignes hommes que j'aye jamais connus.
Durant les troubles de la République, ces
deux citoyens se jettèrent dans les deux
partis contraires ; le fils dans celui de la
Bourgeoisie, le père dans celui des Magistrats, & lorsqu'on prit les armes en
1737, je vis, étant à Genève, le père
& le fils sortir armés de la même maison, l'un pour monter à l'hôtel-de-
ville, l'autre pour se rendre à son quar-
tier, sûrs de se trouver deux heures
après l'un vis-à-vis de l'autre, exposés
à s'entrégorger. Ce spectacle affreux
me fit une impression si vive, que je
jurai de ne tremper jamais dans aucune
guerre civile, & de ne soutenir jamais

II. Partie.   H

au-dedans la liberté par les armes,
ni de ma personne, ni de mon aveu,
si jamais je rentrois dans mes droits de
citoyen. Je me rends le témoignage
d'avoir tenu ce serment dans une occasion délicate, & l'on trouvera, du
moins je le pense, que cette modération fut de quelque prix.

Mais je n'en étois pas encore à cette
première fermentation de patriotisme
que Genève en armes excita dans mon
cœur. On jugera combien j'en étois
loin par un fait très-grave à ma charge,
que j'ai oublié de mettre à sa place &
qui ne doit pas être omis.

Mon oncle *Bernard* étoit depuis quelques années passé dans la Caroline pour
y faire bâtir la ville de Charlestown
dont il avoit donné le plan. Il y mourut
peu après; mon pauvre cousin étoit aussi
mort au service du Roi de Prusse, & ma
tante perdit ainsi son fils & son mari
presque en même tems. Ces pertes ré-
chauffèrent un peu son amitié pour le
plus proche parent qui lui restât & qui
étoit moi. Quand j'allois à Genève je
logeois chez elle, & je m'amusois à fu-
reter & feuilleter les livres & papiers
que mon oncle avoit laissés. J'y trouvai beaucoup de pièces curieuses, &

des lettres dont aſſurément on ne ſe douteroit pas. Ma tante qui faiſoit peu de cas de ces paperaſſes, m'eût laiſſé tout emporter, ſi j'avois voulu. Je me contentai de deux ou trois livres commentés de la main de mon grand-père *Bernard*, le miniſtre, & entr'autres les œuvres poſtumes de *Rohault* in-quarto, dont les marges étoient pleines d'excellentes ſcholies, qui me firent aimer les mathématiques. Ce livre eſt reſté parmi ceux de Madame de *Warens*; j'ai toujours été fâché de ne l'avoir pas gardé. A ces livres, je joignis cinq ou ſix mémoires manuſcrits, & un ſeul imprimé, qui étoit du fameux Micheli *Ducret*, homme d'un grand talent, ſavant, éclairé, mais trop remuant, traité bien cruellement par les magiſtrats de Genève, & mort dernièrement dans la fortereſſe d'Arberg, où il étoit enfermé depuis longues années, pour avoir, diſoit-on, trempé dans la conſpiration de Berne.

Ce mémoire étoit une critique aſſez judicieuſe de ce grand & ridicule plan de fortification qu'on a exécuté en partie à Genève, à la grande riſée des gens du métier qui ne ſavent pas le but ſecret qu'avoit le Conſeil dans l'exécution de cette magnifique entreprise. M. *Micheli* ayant été exclu de la chambre des fortifications, pour avoir blâmé ce plan, avoit cru, comme membre des Deux-Cents, & même comme citoyen, pouvoir en dire son avis plus au long, & c'étoit ce qu'il avoit fait par ce mémoire qu'il eut l'imprudence de faire imprimer, mais non pas publier ; car il n'en fit tirer que le nombre d'exemplaires qu'il envoyoit aux Deux-Cents, & qui furent tous interceptés à la Poste par ordre du petit Conseil. Je trouvai ce mémoire parmi les papiers de mon oncle, avec la réponse qu'il avoit été chargé d'y faire, & j'emportai l'un & l'autre. J'avois fait ce voyage peu après ma sortie du Cadastre, & j'étois demeuré en quelque liaison avec l'avocat *Coccelli* qui en étoit le chef. Quelque tems après, le directeur de la Douane s'avisa de me prier de lui tenir un enfant, & me donna Madame *Coccelli* pour commère. Les honneurs me tournoient la tête, & fier d'appartenir de si près à M. l'Avocat, je tâchois de faire l'important pour me montrer digne de cette gloire.

Dans cette idée je crus ne pouvoir rien faire de mieux que de lui faire voir mon mémoire imprimé de M. *Micheli*, qui réellement étoit une pièce rare, pour lui prouver que j'appartenois à des notables de Genève, qui favoient les fecrets de l'Etat. Cependant par une demi-réferve, dont j'aurois peine à rendre raifon, je ne lui montrai point la réponfe de mon oncle à ce mémoire, peut-être parce qu'elle étoit manufcrite, & qu'il ne falloit à M. l'Avocat que du moulé. Il fentit pourtant fi bien le prix de l'écrit que j'eus la bêtife de lui con-fier, que je ne pus jamais le ravoir ni le revoir, & que bien convaincu de l'inutilité de mes efforts, je me fis un mérite de la chofe & transformai ce vol en préfent. Je ne doute pas un mo-ment qu'il n'ait bien fait valoir à la cour de Turin, cette pièce, plus curieufe cependant qu'utile, & qu'il n'ait eu grand foin de fe faire rembourfer de manière ou d'autre de l'argent qu'il lui en avoit dû coûter pour l'acquérir. Heureufement de tous les futurs con-tingens, un des moins probables eft qu'un jour le roi de Sardaigne afliégera Genève. Mais comme il n'y a pas d'im-poffibilité à la chofe, j'aurai toujours à reprocher à ma fotte vanité d'avoir montré les plus grands défauts de cette place à son plus ancien ennemi.

Je passai deux ou trois ans de cette façon , entre la musique , les magistères , les projets , les voyages, flottant incessamment d'une chose à l'autre , cherchant à me fixer sans savoir à quoi , mais entraîné pourtant par degrés vers l'étude , voyant des gens de lettres , entendant parler de littérature , me mêlant quelquefois d'en parler moi même, & prenant plutôt le jargon des livres que la connoissance de leur contenu. Dans mes voyages de Genève , j'allois de tems en tems voir en passant mon ancien bon ami M. *Simon*, qui fomentoit beaucoup mon émulation naissante par des nouvelles toutes fraîches de la République des lettres , tirées de Baillet ou de Colomiés. Je voyois aussi beaucoup à Chambery un Jacobin, professeur de Physique, bon homme de moine dont j'ai oublié le nom , & qui faisoit souvent de petites expériences qui m'amusoient extrêmement. Je voulus à son exemple faire de l'encre de sympathie. Pour cet effet , après avoir rempli une bouteille plus qu'à demi de chaux vive, d'orpiment & d'eau ,

\ je la bouchai bien. L'effervefcence commença prefqu'à l'inftant très - violemment. Je courus à la bouteille pour la déboucher, mais je n'y fus pas à tems ; elle me fauta au vifage comme une bombe. J'avalai de l'orpiment, de la chaux, j'en faillis mourir. Je reftai aveugle plus de fix femaines, & j'appris ainfi à ne pas me mêler de l'hyfique expérimentale, fans en favoir les élémens.

Cette aventure m'arriva mal-à-propos pour ma fanté, qui depuis quelque tems s'altéroit fenfiblement. Je ne fais d'où venoit, qu'étant bien conformé par le coffre, & ne faifant d'excès d'aucune efpèce, je déclinois à vue d'œil. J'ai une affez bonne quarrure, la poitrine large, mes poumons doivent y jouer à l'aife ; cependant j'avois la courte haleine ; je me fentois oppreffé : je foupirois involontairement, j'avois des palpitations, je crachois du fang ; la fièvre lente furvint, & je n'en ai jamais été bien quitte. Comment peut-on tomber dans cet état, à la fleur de l'âge, fans avoir aucun vifcère vicié, fans avoir rien fait pour détruire fa fanté ?

L'épée ufe le fourreau, dit-on quelquefois. Voilà mon hiftoire. Mes paffions m'ont fait vivre, & mes paffions m'ont tué. Quelles paffions, dira-t-on? Des riens: les chofes du monde les plus puériles: mais qui m'affectoient comme s'ils fe fût agi de la poffeffion d'Hélène ou du trône de l'univers. D'abord les femmes. Quand j'en eus une, mes fens furent tranquilles, mais mon cœur ne le fut jamais. Les befoins de l'amour me dévoroient au fein de la jouiffance. J'avois une tendre mère, une amie chérie, mais il me falloit une maitreffe. Je me la figurois à fa place; je me la créois de mille façons, pour me donner le change à moi-même. Si j'avois cru tenir Maman dans mes bras, quand je l'y tenois, mes étreintes n'auroient pas été moins vives, mais tous mes defirs fe feroient éteints; j'aurois fanglotté de tendreffe, mais je n'aurois pas joui. Jouir! Ce fort eft - il fait pour l'homme? Ah, fi jamais une feule fois en ma vie, j'avois goûté dans leur plénitude toutes les délices de l'amour, je n'imagine pas que ma frêle exiftence y eût pu fuffire; je ferois mort fur le fait.

J'étois donc brûlant d'amour fans objet, & c'eft peut-être ainfi qu'il épuife le plus. J'étois inquiet, tourmenté du mauvais état des affaires de ma pauvre

Maman & de son imprudente conduite,
qui ne pouvoit manquer d'opérer sa
ruine totale en peu de tems. Ma cruelle
imagination, qui va toujours au-devant
des malheurs, me montroit celui-là sans
cesse dans tout son excès & dans toutes
ses suites. Je me voyois d'avance forcé-
ment séparé par la misère de celle à qui
j'avois consacré ma vie, & sans qui je
n'en pouvois jouir. Voilà comment j'a-
vois toujours l'ame agitée. Les desirs &
les craintes me dévoroient alternativement.

La musique étoit pour moi une autre
passion moins fougueuse, mais non
moins consumante par l'ardeur avec laquelle je m'y livrois, par l'étude opi-
niâtre des obscurs livres de Rameau,
par mon invincible obstination à vouloir
en charger ma mémoire qui s'y refusoit
toujours, par mes courses continuelles,
par les compilations immenses que j'en-
tassois, passant très-souvent à copier
les nuits entières. Et pourquoi m'arrêter aux choses permanentes, tandis que
toutes les folies qui passoient dans mon
inconstante tête, les goûts fugitifs d'un
seul jour, un voyage, un concert, un
soupé, une promenade à faire, un roman à lire, une comédie à voir, tout

ce qui étoit le moins du monde prémé-
dité dans mes plaisirs ou dans mes affaires, devenoit pour moi tout autant
de passions violentes qui, dans leur impétuosité ridicule, me donnoient le
plus vrai tourment. La lecture des malheurs imaginaires de *Cléveland*, faite
avec fureur, & souvent interrompue,
m'a fait faire, je crois, plus de mauvais
sang que les miens.

Il y avoit un Genevois nommé M. *Bagueret*, lequel avoit été employé sous
Pierre-le-Grand à la Cour de Russie;
un des plus vilains hommes & des plus
grands foux que j'aye jamais vus, toujours plein de projets aussi foux que lui,
qui faisoit tomber les millions comme
la pluie, & à qui les zéros ne coûtoient
rien. Cet homme étant venu à Chambery, pour quelque procès au Sénat,
s'empara de Maman, comme de raison,
& pour ses trésors de zéros qu'il lui prodiguoit généreusement, lui tiroit ses
pauvres écus pièce à pièce. Je ne l'aimois point, il le voyoit; avec moi,
cela n'est pas difficile: il n'y avoit sorte
de bassesse qu'il n'employât pour me
cajoler. Il s'avisa de me proposer d'apprendre les échecs qu'il jouoit un peu.
J'essayai, presque malgré moi, & après

avoir tant bien que mal appris la marche, mon progrès fut si rapide qu'avant
la fin de la première séance je lui donnai la tour qu'il m'avoit donnée en
commençant. Il ne m'en fallut pas davantage : me voilà forcené des échécs.
J'achète un échiquier : j'achète le cala-
brois ; je m'enferme dans ma chambre,
j'y passe les jours & les nuits à vouloir
apprendre par cœur toutes les parties,
à les fourrer dans ma tête, bon gré mal
gré, à jouer seul sans relâche & sans
fin. Après deux ou trois mois de ce beau
travail & d'efforts inimaginables, je vais
au café, maigre, jaune, & presque
hébété. Je m'essaye, je rejoue avec M.
Bagueret : il me bat une fois, deux fois,
vingt fois ; tant de combinaisons s'é-
toient brouillées dans ma tête, & mon
imagination s'étoit si bien amortie, que
je ne voyois plus qu'un nuage devant
moi. Toutes les fois qu'avec le livre
de *Philidor* ou celui de *Stamma* j'ai voulu m'exercer à étudier des parties, la
même chose m'est arrivée, & après
m'être épuisé de fatigue, je me suis
trouvé plus foible qu'auparavant. Du
reste, que j'aye abandonné les échecs,
ou qu'en jouant je me sois remis en
haleine, je n'ai jamais avancé d'un cran

depuis cette première féance, & je me
fuis toujours retrouvé au même point
où j'étois en la finiſſant. Je m'exerce-
rois des milliers de fiècles, que je fini-
rois par pouvoir donner la tour à *Bagueret*, & rien de plus. Voilà du tems
bien employé, direz-vous! & je n'y
en ai pas employé peu. Je ne finis ce
premier eſſai que quand je n'eus plus
la force de continuer. Quand j'allai
me montrer, fortant de ma chambre,
j'avois l'air d'un déterré, & fuivant le
même train, je n'aurois pas reſté déterré long-tems. On conviendra qu'il
eſt difficile, & fur-tout dans l'ardeur
de la jeuneſſe, qu'une pareille tête
laiſſe toujours le corps en fanté.

L'altération de la mienne agit fur
mon humeur, & tempéra l'ardeur de
mes fantaifies. Me fentant affoiblir, je
devins plus tranquille, & perdis un
peu la fureur des voyages. Plus féden-
taire, je fus pris, non de l'ennui, mais
de la mélancolie; les vapeurs fuccé-
dèrent aux paſſions; ma langueur devint triſteſſe; je pleurois & foupirois à
propos de rien; je fentois la vie m'é-
chapper fans l'avoir goûtée; je gémiſ-
fois fur l'état où je laiſſois ma pauvre
Maman, fur celui où je la voyois prête

à tomber ; je puis dire que la quitter &
la laiffer à plaindre, étoit mon unique
regret. Enfin, je tombai tout-à-fait
malade. Elle me foigna comme jamais
mère n'a foigné fon enfant, & cela lui
fit du bien à elle-même, en faifant diverfion aux projets & tenant écartés les
projetteurs. Quelle douce mort, fi alors
elle fût venue ! Si j'avois peu goûté les
biens de la vie, j'en avois peu fenti les
malheurs. Mon ame paifible pouvoit
partir fans le fentiment cruel de l'in-
juftice des hommes qui empoifonne la
vie & la mort. J'avois la confolation de
me furvivre dans la meilleure moitié de
moi même ; c'étoit à peine mourir. Sans
les inquiétudes que j'avois fur fon fort,
je ferois mort comme j'aurois pu m'en-
dormir, & ces inquiétudes mêmes
avoient un objet affectueux & tendre
qui en tempéroit l'amertume. Je lui
difois : vous voilà dépofitaire de tout
mon être ; faites en forte qu'il foit heureux. Deux ou trois fois quand j'étois le
plus mal, il m'arriva de me lever dans
la nuit & de me traîner à fa chambre,
pour lui donner fur fa conduite des confeils, j'ofe dire, pleins de jufteffe & de
fens, mais où l'intérêt que je prenois
à fon fort fe marquoit mieux que toute

autre chose. Comme si les pleurs étoient ma nourriture & mon remède, je me fortifiois de ceux que je versois auprès d'elle, avec elle, assis sur son lit, & tenant ses mains dans les miennes. Les heures couloient dans ces entretiens nocturnes, & je m'en retournois en meilleur état que je n'étois venu : content & calme dans les promesses qu'elle m'avoit faites, dans les espérances qu'elle m'avoit données, je m'endormois là-dessus avec la paix du cœur & la résignation à la Providence. Plaise à Dieu qu'après tant de sujets de haïr la vie, après tant d'orages qui ont agité la mienne & qui ne m'en font plus qu'un fardeau, la mort qui doit la terminer me soit aussi peu cruelle qu'elle me l'eût été dans ce moment là !

A force de soins, de vigilance & d'incroyables peines, elle me sauva, & il est certain qu'elle seule pouvoit me sauver. J'ai peu de foi à la médecine des Médecins, mais j'en ai beaucoup à celle des vrais amis ; les choses dont notre bonheur dépend se font toujours beaucoup mieux que toutes les autres. S'il y a dans la vie un sentiment délicieux, c'est celui que nous éprouvâmes d'être rendus l'un à l'autre. Notre attachememt mutuel n'en augmenta pas, cela n'étoit pas possible ; mais il prit je ne sais quoi de plus intime, de plus touchant dans sa grande simplicité. Je devenois tout-à-fait son œuvre, tout-à-fait son enfant, & plus que si elle eût été ma vraie mère. Nous commençâmes, sans y songer, à ne plus nous séparer l'un de l'autre, à mettre en quelque sorte toute notre existence en commun ; & sentant que réciproquement nous nous étions non-seulement nécessaires, mais suffisans, nous nous accoutumâmes à ne plus penser à rien d'étranger à nous, à borner absolument notre bonheur & tous nos desirs à cette possession mutuelle & peut-être unique parmi les humains, qui n'étoit point, comme je l'ai dit, celle de l'amour, mais une possession plus essentielle, qui, sans tenir aux sens, au sexe, à l'âge, à la figure, tenoit à tout ce par quoi l'on est soi, & qu'on ne peut perdre qu'en cessant d'être.

A quoi tint-il que cette précieuse crise n'amenât le bonheur du reste de ses jours & des miens ? Ce ne fut pas à moi, je m'en rends le consolant témoignage. Ce ne fut pas non plus à elle, du moins à sa volonté. Il étoit

écrit que bientôt l'invincible naturel re-
prendroit son empire. Mais ce fatal retour ne se fit pas tout d'un coup. Il y
eut, grace au Ciel, un intervalle; court
& précieux intervalle ! qui n'a pas fini
par ma faute, & dont je ne me repro-
cherai pas d'avoir mal profité.

Quoique guéri de ma grande maladie, je n'avois pas repris ma vigueur.
Ma poitrine n'étoit pas rétablie; un
reste de fièvre duroit toujours, & me
tenoit en langueur. Je n'avois plus de
goût à rien qu'à finir mes jours près
de celle qui m'étoit chère, à la maintenir dans ses bonnes résolutions, à lui
faire sentir en quoi consistoit le vrai
charme d'une vie heureuse, à rendre
la sienne telle autant qu'il dépendoit
de moi. Mais je voyois, je sentois
même que dans une maison sombre &
triste, la continuelle solitude du tête-à-
tête deviendroit à la fin triste aussi. Le
remède à cela se présenta comme de
lui-même. Maman m'avoit ordonné le
lait, & vouloit que j'allasse le prendre
à la campagne. J'y consentis, pourvu
qu'elle y vînt avec moi. Il n'en fallut
pas davantage pour la déterminer ; il
ne s'agit plus que du choix du lieu. Le
jardin du fauxbourg n'étoit pas propre-

ment à la campagne ; entouré de maifons & d'autres jardins , il n'avoit point
les attraits d'une retraite champêtre.
D'ailleurs , après la mort d'*Anet* nous
avions quitté ce jardin pour raifon d'é-
conomie , n'ayant plus à cœur d'y tenir
des plantes , & d'autres vues nous faifant peu regretter ce réduit.

Profitant maintenant du dégoût que
je lui trouvai pour la ville , je lui pro-
profai de l'abandonner tout-à fait , & de
nous établir dans une folitude agréable ,
dans quelque petite maifon affez éloi-
gnée pour dérouter les importuns. Elle
l'eût fait , & ce parti que fon bon ange &
le mien lui fuggéroit , nous eût vraifem-
blablement affuré des jours heureux &
tranquilles , jufqu'au moment où la
mort devoit nous féparer. Mais cet état
n'étoit pas celui où nous étions appel-
lés. Maman devoit éprouver toutes les
peines de l'indigence & du mal-être ,
après avoir paffé fa vie dans l'abondance , pour la lui faire quitter avec
moins de regret ; & moi , par un af-
femblage de maux de toute efpèce , je
devois être un jour en exemple à quiconque infpiré du feul amour du bien
public & de la juftice , ofe , fort de fa
feule innocence , dire ouvertement la

vérité aux hommes, fans s'étayer par
des cabales, fans s'être fait des partis
pour le protéger.

Une malheureufe crainte la retint.
Elle n'ofa quitter fa vilaine maifon, de
peur de fâcher le propriétaire. Ton projet de retraite eft charmant, me dit-
elle, & fort de mon goût; mais dans
cette retraite il faut vivre. En quittant
ma prifon je rifque de perdre mon pain,
& quand nous n'en aurons plus dans les
bois, il en faudra bien retourner chercher à la ville. Pour avoir moins befoin
d'y venir, ne la quittons pas tout à-fait.
Payons cette petite penfion au Comte
de **** pour qu'il me laiffe la mienne.
Cherchons quelque réduit affez loin de
la ville, pour vivre en paix, & affez près
pour y revenir toutes les fois qu'il fera
néceffaire. Ainfi fut fait. Après avoir un
peu cherché, nous nous fixâmes aux
Charmettes, une terre de M. de *Conzié*
à la porte de Chambery, mais retirée &
folitaire comme fi l'on étoit à cent lieues.
Entre deux côteaux affez élevés eft un
petit vallon nord & fud au fond duquel
coule une rigole entre des cailloux &
des arbres. Le long de ce vallon à mi-
côte font quelques maifons éparfes fort
agréables pour quiconque aime un afyle

un peu sauvage & retiré. Après avoir essayé deux ou trois de ces maisons, nous choisîmes enfin la plus jolie, appartenant à un gentilhomme qui étoit au service, appellé M. *Noiret*. La maison étoit très-logeable. Au-devant un jardin en terrasse, une vigne au-dessus, un verger au-dessous, vis-à-vis un petit bois de châteigners, une fontaine à portée ; plus haut dans la montagne des prés pour l'entretien du bétail ; enfin, tout ce qu'il falloit pour le petit ménage champêtre que nous y voulions établir. Autant que je puis me rappeller les tems & les dates, nous en prîmes possession vers la fin de l'été de 1736. J'étois transporté, le premier jour que nous y couchâmes. O Maman ! dis-je à cette chère amie en l'embrassant & l'inondant de larmes d'attendrissement & de joie, ce séjour est celui du bonheur & de l'innocence. Si nous ne les trouvons pas ici l'un avec l'autre, il ne les faut chercher nulle part.

Fin du cinquième Livre.

LES
CONFESSIONS
DE
J. J. ROUSSEAU.

LIVRE SIXIÈME.

Hoc erat in votis : modus agri non ità magnus ,
Hortus ubi , & tecto vicinus aquæ fons ;
Et paululùm sylvæ super his foret.

JE ne puis pas ajouter : *auctiùs atque Dî meliùs fecere* ; mais n'importe , il ne m'en falloit pas davantage ; il ne m'en falloit pas même la propriété : c'étoit assez pour moi de la jouissance , & il y a long-tems que j'ai dit & senti que le propriétaire & le possesseur sont souvent deux personnes très-différentes ; même en laissant à part les maris & les amans.

Ici commence le court bonheur de ma vie ; ici viennent les paisibles , mais rapides momens qui m'ont donné le droit de dire que j'ai vécu. Momens

précieux & si regrettés! ah! recommen-
cez pour moi votre aimable cours;
coulez plus lentement dans mon souvenir, s'il est possible, que vous ne fîtes
réellement dans votre fugitive succession. Comment ferai-je pour prolonger
à mon gré ce récit si touchant & si simple, pour redire toujours les mêmes
choses & n'ennuyer pas plus mes lecteurs en les répétant, que je ne m'en-
nuyois moi-même en les recommençant
sans cesse? Encore si tout cela consistoit en faits, en actions, en paroles,
je pourrois le décrire & le rendre en
quelque façon; mais comment dire ce
qui n'étoit ni dit ni fait, ni pensé même, mais goûté, mais senti, sans que je
puisse énoncer d'autre objet de mon
bonheur que ce sentiment même. Je me
levois avec le soleil & j'étois heureux;
je me promenois & j'étois heureux; je
voyois Maman & j'étois heureux, je la
quittois & j'étois heureux; je parcourois
les bois, les côteaux, j'errois dans les
vallons, je lisois, j'étois oisif, je travaillois au jardin, je cueillois les fruits,
j'aidois au ménage, & le bonheur me
suivoit par-tout; il n'étoit dans aucune
chose assignable, il étoit tout en moi-

même, il ne pouvoit me quitter un seul inftant,

Rien de tout ce qui m'eft arrivé durant cette époque chérie, rien de ce que j'ai fait, dit & penfé tout le tems qu'elle a duré, n'eft échappé de ma mémoire. Les tems qui précèdent & qui fuivent me reviennent par intervalles. Je me les rappelle inégalement & confufément ; mais je me rappelle celui-là tout entier comme s'il duroit encore. Mon imagination, qui dans ma jeuneffe alloit toujours en avant & maintenant rétrograde, compenfe par ces doux fouvenirs l'efpoir que j'ai pour jamais perdu. Je ne vois plus rien dans l'avenir qui me tente. Les feuls retours du paffé peuvent me flatter, & ces retours fi vifs & fi vr is dans l'époque dont je parle, me font fouvent vivre heureux maigré mes malheurs.

Je donnerai de ces fouvenirs un feul exemple qui pourra faire juger de leur force & de leur vérité. Le premier jour que nous allâmes coucher aux Charmettes, Maman étoit en chaife à porteurs, & je la fuivois à pied. Le chemin monte, elle étoit affez pefante, & craignant de trop fatiguer fes porteurs, elle voulut defcendre à-peu-près à moitié chemin pour faire le refte à pied. En marchant elle vit quelque chofe de bleu dans la haie & me dit : voilà de la pervenche encore en fleur. Je n'avois jamais vu de la pervenche, je ne me baiffai pas pour l'examiner, & j'ai la vue trop courte pour diftinguer à terre les plantes de ma hauteur. Je jettai feulement en paffant un coup d'œil fur celle-là, & près de trente ans fe font paffés fans que j'aye revu de la pervenche, ou que j'y aye fait attention. En 1764, étant à Creffier avec mon ami M. *du Peyrou*, nous montions une petite montagne, au fommet de laquelle il a un joli falon qu'il appelle avec raifon Bellevue. Je commençois alors d'herborifer un peu En montant & regardant parmi les buiffons, je pouffe un crie de joie : *ah voilà de la pervenche !* & c'en étoit en effet. *Du Peyrou* s'apperçut du tranfport, mais il en ignoroit la caufe ; il l'apprendra, je l'efpere, lorfqu'un jour il lira ceci. Le lecteur peut juger par l'impreffion d'un fi petit objet de celle que m'ont fait tous ceux qui fe rapportent à la même époque.

Cependant l'air de la campagne ne

me rendit point ma première santé.
J'étois languissant ; je le devins davantage. Je ne pus supporter le lait, il
fallut le quitter. C'étoit alors la mode
de l'eau pour tout remede ; je me mis
à l'eau, & si peu discrétement, qu'elle
faillit me guérir, non de mes maux,
mais de la vie. Tous les matins en me
levant, j'allois à la fontaine avec un
grand gobelet, & j'en buvois succes-
sivement en me promenant la valeur
de deux bouteilles. Je quittai tout-à-
fait le vin à mes repas. L'eau que je
buvois étoit un peu crue & difficile à
passer, comme font la plupart des eaux
des montagnes. Bref, je fis si bien
qu'en moins de deux mois, je me dé-
truisis totalement l'estomac que j'avois
eu très-bon jusqu'alors. Ne digérant
plus, je compris qu'il ne falloit plus
espérer de guérir. Dans ce même tems,
il m'arriva un accident aussi singulier
par lui-même que par ses suites, qui
ne finiront qu'avec moi.

Un matin que je n'étois pas plus mal
qu'à l'ordinaire, en dressant une petite
table sur son pied, je sentis dans tout
mon corps une révolution subite &
presque inconcevable. Je ne saurais
mieux la comparer qu'à une espèce de
tempête

tempête qui s'éleva dans dans mon fang
& gagna dans l'inftant tous mes membres. Mes artères fe mirent à battre
d'une fi grande force, que non feulement je fentois leur battement, mais
que je l'entendois même, & fur-tout
celui des carotides. Un grand bruit d'o-
reilles fe joignit à cela, & ce bruit étoit
triple ou plutôt quadruple : favoir, un
bourdonnement grave & fourd, un
murmure plus clair comme d'une eau
courante, un fifflement très-aigu, & le
battement que je viens de dire, & dont
je pouvais aifément compter les coups
fans me tâter le pou ni toucher mon
corps de mes mains. Ce bruit interne
étoit fi grand, qu'il m'ôta la fineffe
d'ouie que j'avois auparavant, & me
rendit, non tout-à-fait fourd, mais
dur d'oreille, comme je le fuis depuis
ce tems-là.

On peut juger de ma furprife & de
mon effroi. Je me crus mort ; je me
mis au lit ; le médecin fut appellé ; je
lui contai mon cas en frémiffant & le
jugeant fans remède. Je crois qu'il en
penfa de même, mais il fit fon métier.
Il m'enfila de longs raifonnemens où
je ne compris rien du tout; puis en
conféquence de fa fublime théorie, il

II. Partie.   I

commença *in animâ vili* la cure expérimentale qu'il lui plût de tenter. Elle étoit si pénible, si dégoûtante, & opéroit si peu, que je m'en lassai bientôt, & au bout de quelques semaines, voyant que je n'étois ni mieux ni pis, je quittai le lit, & repris ma vie ordinaire, avec mon battement d'artères & mes bourdonnemens, qui depuis ce tems-là, c'est à dire, depuis trente ans, ne m'ont pas quitté une minute.

J'avois été jusqu'alors grand dormeur. La totale privation du sommeil qui se joignit à tous ces symptômes, & qui les a constamment accompagnés jusqu'ici, acheva de me persuader qu'il me restoit peu de tems à vivre. Cette persuasion me tranquillisa pour un tems sur le soin de guérir. Ne pouvant prolonger ma vie, je résolus de tirer du peu qu'il m'en restoit tout le parti qu'il étoit possible, & cela se pouvoit par une singulière faveur de la nature, qui, dans un état funeste, m'exemptoit des douleurs qu'il sembloit devoir m'attirer. J'étois importuné de ce bruit, mais je n'en souffrois pas : il n'étoit accompagné d'aucune autre incommodité habituelle que de l'insomnie durant les nuits, & en tout tems d'une courte

haleine qui n'alloit pas jufqu'à l'aftme,
& ne fe faifoit fentir que quand je voulois courir ou agir un peu fortement.

Cet accident qui devoit tuer mon
corps ne tua que mes paffions, & j'en
bénis le Ciel chaque jour par l'heureux effet qu'il produifit fur mon ame.
Je puis bien dire que je ne commençai de vivre que quand je me regardai
comme un homme mort. Donnant leur
véritable prix aux chofes que j'allois
quitter, je commençai de m'occuper de
foins plus nobles, comme par antici-
pation fur ceux que j'aurois bientôt à
remplir, & que j'avois fort négligés
jufqu'alors. J'avois fouvent travefti la
religion à ma mode, mais je n'avois
jamais été tout à-fait fans religion. Il
m'en coûta moins de revenir à ce fujet
fi trifte pour tant de gens, mais fi doux
pour qui s'en fait un objet de confolation & d'efpoir. Maman me fut en
cette occafion beaucoup plus utile que
tous les théologiens ne me l'auroient été.

Elle qui mettoit toute chofe en fyf-
têine, n'avoit pas manqué d'y mettre
auffi la religion, & ce fyftême étoit
compofé d'idées très-difparates, les
unes très-faines, les autres très-folles,
de fentimens relatifs à fon caractère,

& de préjugés venus de son éducation. En général les croyans font Dieu comme ils sont eux-mêmes, les bons le font bon, les méchans le font méchant ; les dévots haineux & bilieux ne voyent que l'enfer, parce qu'ils voudroient damner tout le monde : les ames aimantes & douces n'y croyent guère, & l'un des étonnemens dont je ne reviens point, est de voir le bon *Fénelon* en parler dans son Télémaque, comme s'il y croyoit tout de bon : mais j'espère qu'il mentoit alors ; car enfin quelque véridique qu'on soit, il faut bien mentir quelquefois, quand on est Evêque. Maman ne mentoit pas avec moi, & cette ame sans fiel, qui ne pouvoit imaginer un Dieu vindicatif & toujours courroucé, ne voyoit que clémence & miséricorde où les dévots ne voyent que justice & punition. Elle disoit souvent qu'il n'y auroit point de justice en Dieu d'être juste envers nous, parce que ne nous ayant pas donné ce qu'il faut pour l'être, ce seroit redemander plus qu'il n'a donné. Ce qu'il y avoit de bizarre, étoit que, sans croire à l'enfer, elle ne laissoit pas de croire au purgatoire. Cela venoit de ce qu'elle ne savoit que faire des ames des méchans, ne pouvant ni les damner ni les mettre avec les bons jufqu'à ce qu'ils le fuffent devenus ; & il faut avouer qu'en effet & dans ce monde & dans l'autre, les méchans font toujours bien embarraffans.

Autre bizarrerie. On voit que toute la doctrine du péché originel & de la rédemption eft détruite par ce fyftême, que la bafe du Chriftianifme vulgaire en eft ébranlée, & que le Catholicifme au moins ne peut fubfifter. Maman cependant étoit bonne catholique, ou prétendoit l'être, & il eft fûr qu'elle le prétendoit de très bonne foi. Il lui fembloit qu'on expliquoit trop littéralement & trop durement l'Ecriture. Tout ce qu'on y lit des tourmens éternels lui paroiffoit comminatoire ou figuré. La mort de Jefus - Chrift lui paroiffoit un exemple de charité vraiment divine, pour apprendre aux hommes à aimer Dieu, & à s'aimer entr'eux de même. En un mot, fidelle à la religion qu'elle avoit embraffée, elle en admettoit fincérement toute la profeffion de foi ; mais quand on venoit à la difcuffion de chaque article, il fe trouvoit qu'elle croyoit tout autrement que l'Eglife, toujours en s'y foumettant. Elle avoit là-deffus une fimplicité de cœur, une

franchife plus éloquente que des ergo-
teries, & qui fouvent embarraffoit jufqu'à fon confeffeur ; car elle ne lui dé-
guifoit rien. Je fuis bonne catholique,
lui difoit-elle, je veux toujours l'être ;
j'adopte de toutes les puiffances de mon
ame les décifions de Sainte Mere Eglife.
Je ne fuis pas maitreffe de ma foi, mais
je le fuis de ma volonté. Je la foumets
fans réferve, & je veux tout croire.
Que me demandez-vous de plus ?

Quand il n'y auroit point eu de morale chrétienne, je crois qu'elle l'auroit
fuivie, tant elle s'adaptoit bien à fon
caractère. Elle faifoit tout ce qui étoit
ordonné, mais elle l'eût fait de même
quand il n'auroit pas été ordonné. Dans
les chofes indifférentes elle aimoit à
obéir, & s'il ne lui eût pas été permis, prefcrit même de faire gras, elle
auroit fait maigre entre Dieu & elle,
fans que la prudence eût eu befoin d'y
entrer pour rien. Mais toute cette morale étoit fubordonnée aux principes
de M. de *Tavel*, ou plutôt elle prétendoit n'y rien voir de contraire. Elle
eût couché tous les jours avec vingt
hommes en repos de confcience, &
fans même en avoir plus de fcrupule
que de defir. Je fais que force dévotes

ne font pas fur ce point plus fcrupu-
leufes, mais la différence eft qu'elles
font féduites par leurs paffions, &
qu'elle ne l'étoit que par fes fophif-
mes. Dans les converfations les plus
touchantes & j'ofe dire les plus édi-
fiantes, elle fût tombée fur ce point
fans changer ni d'air ni de ton, fans
fe croire en contradiction avec elle-
même. Elle l'eût même interrompue
au befoin pour le fait, & puis l'eût
reprife avec la même férénité qu'auparavant : tant elle étoit intimement per-
fuadée que tout cela n'étoit qu'une
maxime de police fociale, dont toute
perfonne fenfée pouvoit faire l'inter-
prétation, l'application, l'exception
felon l'efprit de la chofe, fans le moindre rifque d'offenfer Dieu. Quoique
fur ce point je ne fuffe affurément pas
de fon avis, j'avoue que je n'ofois le
combattre, honteux du rôle peu galant qu'il m'eût fallut faire pour cela.
J'aurois bien cherché d'établir la règle
pour les autres en tâchant de m'en ex-
cepter ; mais outre que fon tempérament prévenoit affez l'abus de fes principes, je fais qu'elle n'étoit pas femme
à prendre le change, & que reclamer
l'exception pour moi, c'étoit la lui

laiſſer pour tous ceux qu'il lui plairoit. Au reſte, je compte ici par occaſion cette inconſéquence avec les autres, quoi qu'elle ait eu toujours peu d'effet dans ſa conduite & qu'alors elle n'en eût point du tout ; mais j'ai promis d'expoſer fidellement ſes principes, & je veux tenir cet engagement ; je reviens à moi.

Trouvant en elle toutes les maximes dont j'avois beſoin pour garantir mon ame des terreurs de la mort & de ſes ſuites, je puiſois avec ſécurité dans cette ſource de confiance. Je m'attachois à elle plus que je n'avois fait ; j'aurois voulu tranſporter toute en elle ma vie que je ſentois prête à m'abandonner. De ce redoublement d'attachement pour elle, de la perſuaſion qu'il me reſtoit peu de tems à vivre, de ma profonde ſécurité ſur mon ſort à venir, réſultoit un état habituel très-calme, & ſenſuel même, en ce qu'amortiſſant toutes les paſſions qui portent au loin nos craintes & nos eſpérances, il me laiſſoit jouir ſans inquiétude & ſans trouble du peu de jours qui m'étoient laiſſés. Une choſe contribuoit à les rendre plus agréables ; c'étoit le ſoin de nourrir ſon goût pour la campagne par tous les amusemens que j'y pouvois raffembler. En lui faifant aimer fon jardin, fa baffe-cour, fes pigeons, fes vaches, je m'affectionnois moi-même à tout cela, & ces petites occupations qui rempliffoient ma journée fans troubler ma tranquillité, me valurent mieux que le lait, & tous les remèdes pour conferver ma pauvre machine, & la rétablir même autant que cela fe pouvoit.

Les vendanges, la récolte des fruits nous amufèrent le refte de cette année, & nous attachèrent de plus en plus à la vie ruftique au milieu des bonnes gens dont nous étions entourés. Nous vîmes arriver l'hiver avec grand regret, & nous retournâmes à la ville comme nous ferions allés en exil. Moi fur-tout qui doutant de revoir le printems, croyois dire adieu pour toujours aux Charmettes. Je ne les quittai pas fans baifer la terre & les arbres, & fans me retourner plufieurs fois en m'en éloignant. Ayant quitté depuis long-tems mes écolières, ayant perdu le goût des amufemens & des fociétés de la ville, je ne fortois plus, je ne voyois plus perfonne, excepté Maman, & M. *Salomon*, devenu depuis peu fon médecin & le mien, honnête homme, homme d'efprit, grand Cartéfien, qui parloit affez bien du fyftême du monde, & dont les entretiens agréables & inftructifs me valurent mieux que toutes fes ordonnances. Je n'ai jamais pu fupporter ce fot & niais rempliffage des converfations ordinaires ; mais des converfations utiles & folides m'ont toujours fait grand plaifir, & je ne m'y fuis jamais refufé. Je pris beaucoup de goût à celles de M. *Salomon* ; il me fembloit que j'enticipois avec lui fur ces hautes connoiffances que mon ame alloit acquérir quand elle auroit perdu fes entraves. Ce goût que j'avois pour lui s'étendit aux fujets qu'il traitoit, & je commençai de rechercher les livres qui pouvoient m'aider à le mieux entendre. Ceux qui mêloient la dévotion aux fciences, m'étoient les plus convenables ; tels étoient particulièrement ceux de l'Oratoire & de Port-Royal. Je me mis à les lire ou plutôt à les dévorer. Il m'en tomba dans les mains un du Père *Lami*, intitulé, *Entretiens fur les Sciences*. C'étoit une efpèce d'introduction à la connoiffance des livres qui en traitent. Je le lus & relus cent fois ; je réfolus d'en faire mon guide. Enfin je

me sentis entraîné peu - à - peu malgré
mon état, ou plutôt par mon état, vers
l'étude avec une force irréfiftible, &
tout en regardant chaque jour comme
le dernier de mes jours, j'étudiois avec
autant d'ardeur que fi j'avois dû toujours
vivre. On difoit que cela me faifoit du
mal; je crois, moi, que cela me fit du
bien, & non-feulement à mon ame,
mais à mon corps; car cette application pour laquelle je me paffionnois
me devint fi délicieufe, que, ne pen-
fant plus à mes maux, j'en étois beaucoup moins affecté. Il eft pourtant vrai
que rien ne me procuroit un foulage-
ment réel; mais n'ayant pas de douleurs vives, je m'accoutumois à languir, à ne pas dormir, à penfer au lieu
d'agir, & enfin à regarder le dépériffe-
ment fucceffif & lent de ma machine
comme un progrès inévitable que la
mort feul pouvoit arrêter.

Non - feulement cette opinion me
détacha de tous les vains foins de la
vie, mais elle me délivra de l'impor-
tunité des remèdes, auxquels on m'a-
voit jufqu'alors foumis malgré moi.
Salomon convaincu que fes drogues
ne pouvoient me fauver, m'en épar-
gna le déboire, & fe contenta d'amu-

fer la douleur de ma pauvre Maman avec quelques-unes de ces ordonnances indifférentes qui leurrent l'efpoir du malade, & maintiennent le crédit du médecin. Je quittai l'étroit régime, je repris l'ufage du vin, & tout le train de vie d'un homme en fanté felon la mefure de mes forces, fobre fur toute chofe, mais ne m'abftenant de rien. Je fortis même & recommençai d'aller voir mes connoiffances, fur-tout M. de *Conzié*, dont le commerce me plaifoit fort. Enfin, foit qu'il me parût beau d'apprendre jufqu'à ma dernière heure, foit qu'un refte d'efpoir de vivre fe cachât au fond de mon cœur, l'attente de la mort loin de ralentir mon goût pour l'étude fembloit l'animer, & je me preffois d'amaffer un peu d'acquis pour l'autre monde, comme fi j'avois cru n'y avoir que celui que j'aurois emporté. Je pris en affection la boutique d'un libraire, appellé *Bouchard*, où fe rendoient quelques gens de lettres, & le printems que j'avois cru ne pas revoir étant proche, je m'affortis de quelques livres pour les Charmettes, en cas que j'euffe le bonheur d'y retourner.

J'eus ce bonheur, & j'en profitai de mon mieux. La joie avec laquelle je vis les premiers bourgeons, eſt inexprimable. Revoir le printems étoit pour moi reſſuſciter en paradis. A peine les neiges commençoient à fondre que nous quittâmes notre cachot, & nous fûmes aſſez-tôt aux Charmettes pour y avoir les prémices du roſſignol. Dèslors, je ne crus plus mourir ; & réellement il eſt ſingulier que je n'ai jamais fait de grandes maladies à la campagne. J'y ai beaucoup ſouffert, mais je n'y ai jamais été alité. Souvent j'ai dit, me ſentant plus mal qu'à l'ordinaire : quand vous me verrez prêt à mourir, portez - moi à l'ombre d'un chêne ; je vous promets que j'en reviendrai.

Quoique foible, je repris mes fonctions champêtres, mais d'une manière proportionnée à mes forces. J'eus un vrai chagrin de ne pouvoir faire le jardin tout ſeul ; mais quand j'avois donné ſix coups de bêche, j'étois hors d'haleine, la ſueur me ruiſſeloit, je n'en pouvois plus. Quand j'étois baiſſé, mes battemens redoubloient, & le ſang me montoit à la tête, avec tant de force, qu'il falloit bien vîte me redreſſer. Contraint de me borner à des ſoins moins fatigans, je pris entr'autres celui du

colombier , & je m'y affectionnai si
fort, que j'y passois souvent plusieurs
heures de suite sans m'ennuyer un moment. Le pigeon est fort timide , &
difficile à apprivoiser. Cependant je
vins à bout d'inspirer aux miens tant
de confiance; qu'ils me suivoient par-
tout , & se laissoient prendre quand je
voulois. Je ne pouvois paroître au jardin, ni dans la cour, sans en avoir à
l'instant deux ou trois sur les bras, sur
la tête , & enfin , malgré le plaisir que
j'y prenois, ce cortège me devint si incommode , que je fus obligé de leur
ôter cette familiarité. J'ai toujours pris
un singulier plaisir à apprivoiser les animaux , sur-tout ceux qui sont craintifs
& sauvages. Il me paroissoit charmant
de leur inspirer une confiance que je
n'ai jamais trompée. Je voulois qu'ils
m'aimassent en liberté.

J'ai dit que j'avois apporté des livres.
J'en fis usage ; mais d'une manière
moins propre à m'instruire qu'à m'accabler. La fausse idée que j'avois des
choses, me persuadoit que, pour lire
un livre avec fruit, il falloit avoir toutes les connoissances qu'il supposoit ,
bien éloigné de penser que souvent
l'auteur ne les avoit pas lui-même , &

qu'il les puiſoit dans d'autres livres à
meſure qu'il en avoit beſoin. Avec cette
folle idée, j'étois arrêté à chaque inſ-
tant, forcé de courir inceſſamment d'un
livre à l'autre , & quelquefois avant
d'être à la dixième page de celui que je
voulois étudier , il m'eût fallut épuiſer
des bibliothèques. Cependant je m'obſ-
tinai ſi bien à cette extravagante méthode , que j'y perdis un tems infini,
& faillis à me brouiller la tête au point
de ne pouvoir plus , ni rien voir, ni
rien ſavoir. Heureuſement je m'apperçus que j'enfilois une fauſſe route , qui
m'égaroit dans un labyrinthe immenſe,
& j'en ſortis avant d'y être tout - à - fait
perdu.

Pour peu qu'on ait un vrai goût pour
les ſciences, la première choſe qu'on
ſent, en s'y livrant, c'eſt leur liaiſon,
qui fait qu'elles s'attirent, s'aident,
s'éclairent mutellement, & que l'une
ne peut ſe paſſer de l'autre Quoique
l'eſprit humain ne puiſſe ſuffire à toutes, & qu'il en faille toujours préférer
une comme la principale, ſi l'on n'a
quelque notion des autres, dans la ſienne
même on ſe trouve ſouvent dans l'obſ-
curité. Je ſentis que ce que j'avois en-
trepris étoit bon & utile en lui-même,

qu'il n'y avoit que la mérhode à changer. Prenant d'abord l'encyclopédie ,
j'allois la divifant dans fes branches ; je
vis qu'il falloit faire tout le contraire ;
les prendre chacune féparément , & les
pourfuivre chacune à part jufqu'au
point où elles fe réuniffent. Ainfi je
revins à la fynthèfe ordinaire ; mais
j'y revins en homme qui fait ce qu'il
fait. La méditation me tenoit en cela
lieu de connoiffance , & une réflexion
très-naturelle aidoit à me bien guider.
Soit que je vécuffe ou que je mouruffe,
je n'avois point de tems à perdre. Ne
rien favoir à près de vingt-cinq ans ,
& vouloir tout apprendre , c'eft s'en-
gager à bien mettre le tems à profit.
Ne fachant à quel point le fort ou la
mort pouvoient arrêter mon zèle , je
voulois , à tout événement , acquérir
des idées de toutes chofes , tant pour
fonder mes difpofitions naturelles , que
pour juger par moi-même de ce qui
méritoit le mieux d'être cultivé.

Je trouvai , dans l'exécution de ce
plan, un autre avantage auquel je n'a-
vois pas penfé ; celui de mettre beaucoup de tems à profit. Il faut que je
ne fois pas né pour l'étude ; car une
longue applicatioin me fatigue à tel

point qu'il m'eſt impoſſible de m'occuper demi-heure de ſuite avec force du
même ſujet , ſur-tout en ſuivant les
idées d'autrui ; car il m'eſt arrivé quel-
quefoïs de me livrer plus long-tems aux
miennes , & même avec aſſez de ſuccès.
Quand j'ai ſuivi , durant quelques pages,
un auteur qu'il faut lire avec application,
mon eſprit l'abandonne , & ſe perd
dans les nuages. Si je m'obſtine , je
m'épuiſe inutilement ; les éblouiſſe-
mens me prennent , je ne vois plus
rien. Mais que de ſujets différens ſe
ſuccèdent , mème ſans interruption ,
l'un me délaſſe de l'autre , & ſans avoir
beſoin de relâche , je les ſuis plus aiſé-
ment. Je mis à profit cette obſervation
dans mon plan d'études , & je les en-
tremêlai tellement que je m'occupois
tout le jour , & ne me fatiguois jamais.
Il eſt vrai que les ſoins champêtres &
domeſtiques faiſoient des diverſions
utiles ; mais dans ma ferveur croiſ-
ſante , je trouvai bientôt le moyen d'en
ménager encore le tems pour l'étude,
& de m'occuper à la fois de deux choſes , ſans ſonger que chacune en alloit
moins bien.

Dans tant de menus détails qui me
charment , & dont j'excède ſouvent

mon lecteur , je mets pourtant une discrétion dont il ne se douteroit guères , si je n'avois soin de l'en avertir. Ici, par exemple , je me rappelle avec délices tous les différens essais que je fis pour distribuer mon tems, de façon que j'y trouvasse à la fois autant d'agrément & d'utilité qu'il étoit possible , & je puis dire que ce tems , où je vivois dans la retraite , & toujours malade , fut celui de ma vie où je fus le moins oisif & le moins ennuyé. Deux ou trois mois se passèrent ainsi à tâter la pente de mon esprit & à jouir dans la plus belle saison de l'année , & dans un lieu qu'elle rendoit enchanté , du charme de la vie dont je sentois si bien le prix , de celui d'une société aussi libre que douce , si l'on peut donner le nom de société à une aussi parfaite union , & de celui des belles connoissances que je me proposois d'acquérir ; car c'étoit pour moi comme si je les avois déjà possédées ; ou plutôt c'étoit mieux encore , puisque le plaisir d'apprendre étoit pour beaucoup dans mon bonheur.

Il faut passer sur ces essais , qui tous étoient pour moi des jouissances , mais trop simples pour pouvoir être expliquées. Encore un coup le vrai bonheur ne se décrit pas, il se sent, & se sent d'autant mieux qu'il peut le moins se décrire, parce qu'il ne résulte pas d'un recueil de faits, mais qu'il est un état permanent. Je me répète souvent, mais je me répéterois bien davantage, si je disois la même chose autant de fois qu'elle me vient dans l'esprit. Quand enfin mon train de vie souvent changé eût pris un cours uniforme, voici à-peu-près quelle en fut la distribution.

Je me levois tous les matins avant le soleil. Je montois par un verger voisin dans un très-joli chemin qui étoit au-dessus de la vigne & suivoit la côte jusqu'à Chambery. Là, tout en me promenant, je faisois ma prière, qui ne consistoit pas en un vain balbutiement de lèvres, mais dans une sincère élévation de cœur à l'Auteur de cette aimable nature dont les beautés étoient sous mes yeux. Je n'ai jamais aimé à prier dans la chambre : il me semble que les murs & tous ces petits ouvrages des hommes s'interposent entre Dieu & moi. J'aime à le contempler dans ses œuvres, tandis que mon cœur s'élève à lui. Mes prières étoient pures, je puis le dire, & dignes par-là d'être exaucées.

Je ne demandois pour moi & pour celle dont mes vœux ne me féparoient jamais, qu'une vie innocente & tranquille, exempte du vice, de la douleur, des pénibles befoins ; la mort des juftes & leur fort dans l'avenir. Du refte cet acte fe paffoit plus en admiration & en contemplation qu'en demandes , & je favois qu'auprès du Difpenfateur des vrais biens, le meilleur moyen d'obtenir ceux qui nous font néceffaires , eft moins de les demander que de les mériter. Je revenois en me promenant , par un affez grand tour , occupé à confidérer avec intérêt & volupté les objets champêtres dont j'étois environné , les feuls dont l'œil & le cœur ne fe laffent jamais. Je regardois de loin s'il étoit jour chez Maman ; quand je voyois fon contrevent ouvert , je tréfaillois de joie & j'accourois. S'il étoit fermé , j'entrois au jardin en attendant qu'elle fût réveillée , m'amufant à repaffer ce que j'avois appris la veille , ou à jardiner. Le contrevent s'ouvroit , j'allois l'embraffer dans fon lit fouvent encore à moitié endormie, & cet embraffement auffi pur que tendre, tiroit de fon innocence même un charme qui n'eft jamais joint à la volupté des fens.

Nous déjeûnions ordinairement avec du café au lait. C'étoit le tems de la journée où nous étions le plus tranquilles, où nous caufions le plus à notre aife. Ces féances, pour l'ordinaire affez longues, m'ont laiffé un goût vif pour les déjeûnés, & je préfère infiniment l'ufage d'Angleterre & de Suiffe où le déjeûné eft un vrai repas qui raffemble tout le monde, à celui de France où chacun déjeûne feul dans fa chambre, ou le plus fouvent ne déjeûne point du tout. Après une heure ou deux de cauferie, j'allois à mes livres jufqu'au dîné. Je commençois par quelque livre de philofophie, comme la logique de Port-Royal, l'Effai de Locke, Mallebranche, Leibnitz, Defcartes, &c. Je m'apperçus bientôt que tous ces Auteurs étoient en contradiction prefque perpétuelle, & je formai le chimérique projet de les accorder, qui me fatigua beaucoup & me fit perdre bien du tems. Je me brouillois la tête, & je n'avançois point. Enfin, renonçant encore à cette méthode, j'en pris une infiniment meilleure, & à laquelle j'attribue tout le progrès que je puis avoir fait, malgré mon défaut de capacité; car il eft certain que j'en eus toujours fort peu pour l'é-

tude. En lisant chaque Auteur je me fis
une loi d'adopter & suivre toutes ses
idées sans y mêler les miennes ni celles
d'un autre, & sans jamais disputer avec
lui. Je me dis : commençons par me
faire un magasin d'idées, vraies ou faus-
ses, mais nettes, en attendant que ma
tête en soit assez fournie pour pouvoir les comparer & choisir. Cette méthode n'est pas sans inconvéniens, je le
sais, mais elle m'a réussi dans l'objet de
m'instruire. Au bout de quelques années passées à ne penser exactement
que d'après autrui, sans réfléchir, pour
ainsi dire, & presque sans raisonner, je
me suis trouvé un assez grand fonds
d'acquis pour me suffire à moi - même
& penser sans le secours d'autrui. Alors
quand les voyages & les affaires m'ont
ôté les moyens de consulter les livres,
je me suis amusé à repasser & comparer
ce que j'avois lu, à peser chaque chose
à la balance de la raison, & à juger
quelquefois mes maîtres. Pour avoir
commencé tard à mettre en exercice
ma faculté judiciaire, je n'ai pas trouvé
qu'elle eût perdu sa vigueur, & quand
j'ai publié mes propres idées, on ne
m'a pas accusé d'être un disciple servile,
& de jurer *in verba magistri.*

Je paſſois de-là à la géométrie élémentaire ; car je n'ai jamais été plus loin, m'obſtinant à vouloir vaincre mon peu de mémoire à force de revenir cent & cent fois ſur mes pas, & de recommencer inceſſamment la même marche. Je ne goûtai pas celle d'*Euclide*, qui cherche plutôt la chaîne des démonſtrations que laliaiſon des idées. Je préférai la géométrie du P. *Lami*, qui dès-lors devint un de mes Auteurs favoris, & dont je relis encore avec plaiſir les ouvrages. L'algèbre ſuivoit, & ce fut toujours le P. *Lami* que je pris pour guide ; quand je fus plus avancé, je pris la ſcience du calcul du P. *Reynaud*, puis ſon analyſe démontrée que je n'ai fait que ffleurer. Je n'ai jamais été aſſez loin pour bien ſentir l'application de l'algèbre à la géométrie. Je n'aimois point cette manière d'opérer ſans voir ce qu'on fait ; & il me ſembloit que réſoudre un problême de géométrie par les équations, c'étoit jouer un air en tournant une manivelle. La première fois que je trouvai par le calcul que le quarré d'un binome étoit compoſé du quarré de chacune de ſes parties & du double produit de l'une par l'autre, malgré la juſteſſe de ma multiplication, je n'en voulus rien croire jufqu'à ce que j'euffe fait la figure. Ce n'étoit pas que je n'euffe un grand goût pour l'algèbre, en n'y confidérant que la quantité abftraite; mais appliquée à l'étendue je voulois voir l'opération fur les lignes, autrement je n'y comprenois plus rien.

Après cela venoit le latin. C'étoit mon étude la plus pénible, & dans laquelle je n'ai jamais fait de grands progrès. Je me mis d'abord à la méthode latine de Port-Royal, mais fans fruit. Ces vers oftrogots me faifoient mal au cœur & ne pouvoient entrer dans mon oreille. Je me perdois dans ces foules de règles, & en apprenant la dernière, j'oubliois tout ce qui avoit précédé. Une étude de mots n'eft pas ce qu'il faut à un homme fans mémoire; & c'étoit précifément pour forcer ma mémoire à prendre de la capacité, que je m'obftinois à cette étude. Il fallut l'abandonner à la fin. J'entendois affez la conftruction pour pouvoir lire un Auteur facile, à l'aide d'un dictionnaire. Je fuivis cette route, & je m'en trouvai bien. Je m'appliquai à la traduction, non par écrit, mais mentale, & je m'en tins là. A force de tems & d'exercice, je fuis parvenu à lire couramment les

Auteurs

Auteurs latins, mais jamais à pouvoir ni parler, ni écrire dans cette langue; ce qui m'a souvent mis dans l'embarras quand je me suis trouvé, je ne sais comment, enrôlé parmi les gens de lettres. Un autre inconvénient, conséquent à cette manière d'apprendre, est que je n'ai jamais su la prosodie, encore moins les règles de la versification. Désirant pourtant de sentir l'harmonie de la langue en vers & en prose, j'ai fait bien des efforts pour y parvenir; mais je suis convaincu que sans maître cela est presque impossible. Ayant appris la composition du plus facile de tous les vers, qui est l'hexamètre, j'eus la patience de scander presque tout Virgile, & d'y marquer les pieds & la quantité; puis quand j'étois en doute si une syllabe étoit longue ou brève, c'étoit mon Virgile que j'allois consulter. On sent que cela me faisoit faire bien des fautes, à cause des altérations permises par les règles de la versification. Mais s'il y a de l'avantage à étudier seul, il y a aussi de grands inconvéniens, & sur-tout une peine incroyable. Je sais cela mieux que qui que ce soit.

Avant midi, je quittois mes livres; & si le dîner n'étoit pas prêt, j'allois faire

II. Partie.   K

visite à mes amis les pigeons, ou travailler au jardin en attendant l'heure. Quand je m'entendois appeller, j'accourois fort content, & muni d'un grand appétit ; car c'est encore une chose à noter, que quelque malade que je puisse être, l'appétit ne me manque jamais. Nous dînions très-agréablement, en causant de nos affaires, en attendant que **Maman** pût manger. Deux ou trois fois la semaine, quand il faisoit beau, nous allions derrière la maison prendre le café dans un cabinet frais & touffu que j'avois garni de houblon, & qui nous faisoit grand plaisir durant la chaleur ; nous passions là une petite heure à visiter nos légumes, nos fleurs, à des entretiens relatifs à notre manière de vivre, & qui nous en faisoient mieux goûter la douceur. J'avois une autre petite famille au bout du jardin : c'étoient des abeilles. Je ne manquois guères, & souvent Maman avec moi, d'aller leur rendre visite ; je m'intéressois beaucoup à leur ouvrage, je m'amusois infiniment à les voir revenir de la picorée, leurs petites cuisses quelquefois si chargées qu'elles avoient peine à marcher. Les premiers jours, la curiosité me rendit indiscret, & elles me piquèrent deux ou trois fois ; mais ensuite nous fîmes si bien connoissance, que, quelque près que je vinsse, elles me laissoient faire, & quelques pleines que fussent les ruches prêtes à jetter leur essaim, j'en étois quelquefois entouré, j'en avois sur les mains, sur le visage, sans qu'aucune me piquât jamais. Tous les animaux se défient de l'homme, & n'ont pas tort ; mais sont-ils sûrs une fois qu'il ne leur veut pas nuire, leur confiance devient si grande, qu'il faut être plus que barbare pour en abuser.

Je retournois à mes livres ; mais mes occupations de l'après - midi devoient moins porter le nom de travail & d'étude, que de récréations & d'amusement. Je n'ai jamais pu supporter l'application du cabinet après mon dîner, & en général toute peine me coûte durant la chaleur du jour. Je m'occupois pourtant ; mais sans gêne & presque sans règle, à lire sans étudier. La chose que je suivois le plus exactement étoit l'Histoire & la Géographie, & comme cela ne demandoit point de contention d'esprit, j'y fis autant de progrès que le permettoit mon peu de mémoire. Je voulus étudier le Père *Pétau*, & je m'enfonçai dans les ténèbres de la Chro.

nologie ; mais je me dégoûtai de la partie critique qui n'a ni fond, ni rive, & je m'affectionnai par préférence à l'exacte mesure des tems & à la marche des corps céleftes. J'aurois même pris du goût pour l'Aftronomie, fi j'avois eu des inftrumens ; mais il fallut me contenter de quelques élémens pris dans des livres & de quelques obferva- tions groffières faites avec une lunette d'approche, feulement pour connoître la fituation générale du Ciel : car ma vue courte ne me permet pas de dif- tinguer *à yeux nuds* affez nettement les aftres. Je me rappelle à ce fujet une aventure dont le fouvenir m'a fou- vent fait rire. J'avois acheté un planif- phère célefte pour étudier les conf- tellations ; j'avois attaché ce planif- phère fur un chaffis, & les nuits où le Ciel étoit ferein, j'allois dans le jardin pofer mon chaffis fur quatre piquets de ma hauteur, le planifphère tourné en deffous, & pour l'éclairer fans que le vent foufflât ma chandelle, je la mis dans un feau à terre entre les quatre piquets ; puis regardant alternativement le planifphère avec mes yeux, & les aftres avec ma lunette, je m'exerçois à connoître les étoiles & à difcerner les conſtellations. Je crois avoir dit que le jardin de M. *Noiret* étoit en terraſſe ; on voyoit du chemin tout ce qui s'y faiſoit. Un ſoir, des payſans paſſant aſſez tard, me virent dans un groteſque équipage, occupé à mon opérarion. La lueur qui donnoit ſur mon planiſphère & dont ils ne voyoient pas la cauſe, parce que la lumière étoit cachée à leurs yeux par les bords du ſeau , ces quatre piquets , ce grand papier barbouillé de figures, ce cadre & le jeu de ma lunette qu'ils voyoient aller & venir, donnoit à cet objet un air de grimoire qui les effraya. Ma parure n'étoit pas propre à les raſſurer : un chapeau clabaud par - deſſus mon bonnet , & un pet-en–l'air ouetté de Maman qu'elle m'avoit obligé de mettre, offroient à leurs yeux l'image d'un vrai ſorcier , & comme il étoit près de minuit , ils ne doutèrent point que ce ne fût le commencement du ſabat. Peu curieux d'en voir davantage, ils ſe ſauvèrent très-allarmés , éveillèrent leurs voiſins pour leur conter leur viſion , & l'hiſtoire courut ſi bien , que dès le lendemain chacun ſut dans le voiſinage que le ſabat ſe tenoit chez M. *Noiret.* Je ne ſais ce qu'eût produit enfin cette rumeur, si l'un des paysans, témoin de mes conjurations, n'en eût le même jour porté sa plainte à deux Jésuites qui venoient nous voir, & qui, sans savoir de quoi il s'agissoit, les désabu-sèrent par provision. Ils nous contèrent l'histoire, je leur en dis la cause, & nous rîmes beaucoup. Cependant il fut ré-solu, crainte de récidive, que j'observe-rois désormais sans lumière & que j'irois consulter le planisphère dans la maison. Ceux qui ont lu dans les *Lettres de la Montagne* ma magie de Venise, trouveront, je m'assure, que j'avois de longue main une grande vocation pour être sorcier.

Tel étoit mon train de vie aux Char-mettes, quand je n'étois occupé d'au-cuns soins champêtres ; car ils avoient toujours la préférence, & dans ce qui n'excédoit pas mes forces, je travaillois comme un paysan ; mais il est vrai que mon extrême foiblesse ne me laissoit guères alors sur cet article que le mé-rite de la bonne volonté. D'ailleurs, je voulois faire à la fois deux ouvrages, & par cette raison je n'en faisois bien aucun. Je m'étois mis dans la tête de me donner par force de la mémoire ; je m'obstinois à vouloir beaucoup ap-prendre par cœur. Pour cela, je portois toujours avec moi quelque livre, qu'avec une peine incroyable j'étudiois & repaſſois tout en travaillant. Je ne ſais pas comment l'opiniâtreté de ces vains & continuels efforts ne m'a pas enfin rendu ſtupide. Il faut que j'aye appris & rappris bien vingt fois les Églogues de *Virgile*, dont je ne ſais pas un ſeul mot. J'ai perdu ou dépareillé des multitudes de livres, par l'habitude que j'avois d'en porter partout avec moi, au colombier, au jardin, au verger, à la vigne. Occupé d'autre choſe, je poſois mon livre au pied d'un arbre ou ſur la haye ; partout, j'oubliois de le reprendre, & ſouvent au bout de quinze jours je le retrouvois pourri, ou rongé des fourmis & des limaçons. Cette ardeur d'apprendre devint une manie qui me rendoit comme hébêté, tout occupé que j'étois ſans ceſſe à marmoter quelque choſe entre mes dents.

Les écrits de Port-Royal & de l'Oratoire, étant ceux que je liſois le plus fréquemment, m'avoient rendu demi-Janſéniſte, & malgré toute ma confiance, leur dure théologie m'épouvantoit quelquefois. La terreur de l'enfer, que juſques-là j'avois très-peu

craint, troubloit peu-à-peu ma fécu-
rité, & fi Maman ne m'eût tranquillifé
l'ame, cette effrayante doctrine m'eût
enfin tout-à-fait bouleverfé. Mon confeffeur, qui étoit auffi le fien, contribuoit pour fa part à me maintenir dans
une bonne affiette. C'étoit le Père
Hemet, Jéfuite, bon & fage vieillard,
dont la mémoire me fera toujours en
vénération. Quoique Jéfuite, il avoit
la fimplicité d'un enfant, & fa morale,
moins relâchée que douce, étoit précifément ce qu'il me falloit pour balancer
les triftes impreffions du Janfénifme.
Ce bon homme, & fon compagnon le
père *Coppier*, venoient fouvent nous
voir aux Charmettes, quoique le chemin fut fort rude, & affez long pour
des gens de leur âge. Leurs vifites me
faifoient grand bien : que Dieu veuille
le rendre à leurs ames ; car ils étoient
trop vieux alors pour que je les préfume
en vie encore aujourd'hui. J'allois auffi
les voir à Chambery, je me familiari-
fois peu-à-peu avec leur maifon ; leur
bibliothèque étoit à mon fervice ; le
fouvenir de cet heureux tems fe lie
avec celui des Jéfuites, au point de me
faire aimer l'un par l'autre, & quoique
leur doctrine m'ait toujours paru dan-

gereufe, je n'ai jamais pu trouver en moi le pouvoir de les haïr fincèrement.

Je voudrois favoir s'il paffe quelquefois dans les cœurs des autres hommes des puérilités pareilles à celles qui paffent quelquefois dans le mien. Au milieu de mes études & d'une vie innocente, autant qu'on la puiffe mener, & malgré tout ce qu'on m'avoit pu dire, la peur de l'enfer m'agitoit encore fouvent. Je me demandois : en quel état fuis-je ? Si je mourois à l'inftant-même, ferois-je damné? Selon mes Janféniftes, la chofe étoit indubitable ; mais felon ma confcience il me paroiffoit que non. Toujours craintif, & flottant dans cette cruelle incertitude j'avois recours pour en fortir aux expédiens les plus rifibles, & pour lefquels je ferois volontiers enfermer un homme, fi je lui en voyois faire autant. Un jour rêvant à ce trifte fujet, je m'exerçois machinalement à lancer des pierres contre les troncs des arbres, & cela avec mon adreffe ordinaire, c'eftà-dire, fans prefque en toucher aucun. Tout au milieu de ce bel exercice, je m'avifai de m'en faire une efpèce de pronoftic pour calmer mon inquiétude. Je me dis, je m'en vais jetter cette pierre contre l'arbre, qui eft vis-à-vis de moi.

K v

Si je le touche, figne de falut; fi je le manque, figne de damnation. Tout en difant ainfi, je jette ma pierre d'une main tremblante, & avec un horrible battement de cœur, mais fi heureufement qu'elle va frapper au beau milieu de l'arbre; ce qui véritablement n'étoit pas difficile : car j'avois eu foin de le choifir fort gros & fort près. Depuis lors je n'ai plus douté de mon falut. Je ne fais en me rappellant ce trait, fi je dois rire ou gémir fur moi-même. Vous autres grands hommes qui riez fûrement, félicitez-vous, mais n'infultez pas à ma mifère; car je vous jure que je la fens bien.

Au refte, ces troubles, ces alarmes inféparables peut-être de la dévotion, n'étoient pas un état permanent. Communément j'étois affez tranquille, & l'impreffion que l'idée d'une mort prochaine faifoit fur mon ame, étoit moins de la trifteffe, qu'une langueur paifible, & qui même avoit fes douceurs. Je viens de retrouver parmi de vieux papiers, une efpèce d'exhortation que je me faifois à moi-même, & où je me félicitois de mourir à l'âge où l'on trouve affez de courage en foi pour envifager la mort, & fans avoir éprouvé de

grands maux, ni de corps ni d'esprit
durant ma vie. Que j'avois bien raison!
Un pressentiment me faisoit craindre
de vivre pour souffrir. Il sembloit que
je prévoyois le sort qui m'attendoit sur
mes vieux jours. Je n'ai jamais été si
près de la sagesse, que durant cette heureuse époque. Sans grands remords sur
le passé; délivré des soucis de l'avenir,
le sentiment qui dominoit constamment dans mon ame, étoit de jouir du
présent. Les dévots ont pour l'ordinaire
une petite sensualité très-vive, qui leur
fait savourer avec délices les plaisirs innocens qui leur sont permis. Les mon-
dains leur en font un crime, je ne sais
pourquoi, ou plutôt je le sais bien.
C'est qu'ils envient aux autres la jouissance des plaisirs simples dont eux-mêmes ont perdu le goût. Je l'avois ce
goût, & je trouvois charmant de le sa-
tisfaire en sûreté de conscience. Mon
cœur neuf encore se livroit à tout avec
un plaisir d'enfant, ou plutôt, si je l'ose
dire, avec une volupté d'ange : car en
vérité ces tranquilles jouissances ont la
sérénité de celles du paradis. Des dînés
faits sur l'herbe à Montagnole, des sou-
pés sous le berceau, la récolte des fruits,
les vendanges, les veillées à teiller avec

K vj

nos gens, tout cela faifoit pour nous
autant de fêtes auxquelles Maman prenoit le même plaifir que moi. Des pro-
menades plus folitaires avoient un charme plus grand encore, parce que le
cœur s'épanchoit plus en liberté. Nous
en fîmes une entr'autres qui fait époque dans ma mémoire, un jour de Saint
Louis, dont Maman portoit le nom.
Nous partîmes enfemble & feuls de
bon matin, après la meffe qu'un Carme
étoit venu nous dire à la pointe du jour
dans une chapelle attenante à la maifon. J'avois propofé d'aller parcourir la
côte oppofée à celle où nous étions, &
que nous n'avions point vifitée encore.
Nous avions envoyé nos provifions d'a-
vance, car la courfe devoit durer tout
le jour. Maman, quoiqu'un peu ronde
& graffe, ne marchoit pas mal ; nous
allions de colline en colline & de bois
en bois, quelquefois au foleil & fouvent à l'ombre ; nous repofant de tems
en tems, & nous oubliant des heures
entières ; caufant de nous, de notre
union, de la douceur de notre fort, &
faifant pour fa durée des vœux qui ne
furent pas exaucés. Tout fembloit conf-
pirer au bonheur de cette journée. Il
avoit plu depuis peu ; point de pouf-

fière, & des ruiſſeaux bien courans. Un petit vent frais agitoit les feuilles, l'air étoit pur, l'horizon ſans nuages ; la ſérénité régnoit au Ciel comme dans nos cœurs. Notre dîné fut fait chez un payſan, & partagé avec ſa famille, qui nous béniſſoit de bon cœur. Ces pauvres Savoyards ſont ſi bonnes gens ! Après le dîné nous gagnâmes l'ombre ſous de grands arbres, où tandis que j'amaſſois des brins de bois ſec pour faire notre caffé, Maman s'amuſoit à herboriſer parmi les brouſſailles, & avec les fleurs du bouquet que chemin faiſant je lui avois ramaſſé, elle me fit remarquer dans leur ſtructure, mille choſes curieuſes qui m'amuſèrent beaucoup, & qui devoient me donner du goût pour la botanique, mais le moment n'étoit pas venu ; j'étois diſtrait par trop d'autres études. Une idée qui vint me frapper, fit diverſion aux fleurs & aux plantes. La ſituation d'ame où je me trouvois, tout ce que nous avions dit & fait ce jour-là, tous les objets qui m'avoient frappé, me rappellèrent l'eſpèce de rêve, que tout éveillé j'avois fait à Annecy ſept ou huit ans auparavant, & dont j'ai rendu compte en ſon lieu. Les rapports en étoient ſi frappans, qu'en y penſant j'en fus ému juſqu'aux larmes. Dans un tranſport d'attendriſ-ſement, j'embraſſai cette chère amie. Maman, Maman, lui dis-je avec paſ-ſion, ce jour m'a été promis depuis long-tems, & je ne vois rien au-delà. Mon bonheur, grace à vous, eſt à ſon com-ble, puiſſe-t-il ne pas décliner déſor-mais ! Puiſſe-t-il durer auſſi long-tems que j'en conſerverois le goût! il ne finira qu'avec moi.

Ainſi coulèrent mes jours heureux, & d'autaut plus heureux, que n'apper-cevant rien qui les dût troubler, je n'en-viſageois en effet leur fin qu'avec la mienne. Ce n'étoit pas que la ſource de mes ſoucis fût abſolument tarie ; mais je lui voyois prendre un autre cours que je dirigeois de mon mieux ſur des objets utiles, afin qu'elle portât ſon remède avec elle. Maman aimoit naturellement la campagne, & ce goût ne s'attiédiſſoit pas avec moi. Peu-à-peu elle prit celui des ſoins champêtres ; elle aimoit à faire valoir les terres, & elle avoit ſur cela des connoiſſances dont elle faiſoit uſage avec plaiſir. Non contente de ce qui dé-pendoit de la maiſon qu'elle avoit priſe, elle louoit tantôt un champ, tantôt un pré. Enfin, portant ſon humeur entre-

prenante fur des objets d'agriculture,
au lieu de refter oifive dans fa maifon,
elle prenoit le train de devenir bientôt
une groffe fermière. Je n'aimois pas
trop à la voir ainfi s'étendre, & je m'y
oppofois tant que je pouvois; bien fûr
qu'elle feroit toujours trompée, & que
fon humeur libérale & prodigue porte-
roit toujours la dépenfe au-delà du produit. Toutefois je me confolois en pen-
fant que ce produit du moins ne feroit
pas nul & lui aideroit à vivre. De toutes
les entreprifes qu'elle pouvoit former,
celle-là me paroiffoit la moins ruineufe,
& fans y envifager comme elle un objet
de profit, j'y envifageois une occupation continuelle qui la garantiroit des
mauvaifes affaires & des efcrocs. Dans
cette idée je defirois ardemment de re-
couvrer autant de force & de fanté qu'il
m'en falloit pour veiller à fes affaires,
pour être piqueur de fes ouvriers ou fon
premier ouvrier, & naturellement l'exercice que cela me faifoit faire, m'arra-
chant fouvent à mes livres, & me dif-
traifant fur mon état, devoit le rendre
meilleur.

L'hyver fuivant, *Barillot* revenant
d'Italie, m'apporta quelques livres, entr'autres le *Bontempi* & la *Cartella per*

musica du P. *Banchieri* qui me donnèrent du goût pour l'histoire de la musique
& pour les recherches théoriques de ce
bel art. *Barillot* resta quelques tems avec
nous, & comme j'étois majeur depuis
plusieurs mois, il fut convenu que j'irois
le printems suivant à Genève redemander le bien de ma mère, ou du moins la
part qui m'en revenoit, en attendant
qu'on sût ce que mon frère étoit devenu.
Cela s'exécuta comme il avoit été résolu. J'allai à Genève, mon père y vint
de son côté. Depuis long-tems il y revenoit sans qu'on lui cherchât querelle,
quoiqu'il n'eût jamais purgé son décret ; mais comme on avoit de l'estime
pour son courage & du respect pour sa
probité, on feignoit d'avoir oublié son
affaire, & les Magistrats occupés du
grand projet qui éclata peu après, ne
vouloient pas effaroucher avant le tems
la bourgeoisie, en lui rappellant mal-à-
propos leur ancienne partialité.

Je craignois qu'on ne me fît des difficultés sur mon changement de religion ;
l'on n'en fit aucune. Les loix de Genève
font à cet égard moins dures que celles
de Berne, où quiconque change de religion, perd non-seulement son état, mais
son bien. Le mien ne me fut donc pas

difputé, mais fe trouva, je ne fais comment, réduit à fort peu de chofe. Quoiqu'on fût à-peu-près fûr que mon frère étoit mort, on n'en avoit point de preuve juridique. Je manquois de titres fuffifans pour réclamer fa part, & je la laiffai fans regret à mon pêre qui en a joui tant qu'il a vécu. Si-tôt que les formalités de juftice furent faites, & que j'eus reçu mon argent, j'en mis quelque partie en livres, & je volai porter le refte aux pieds de Maman. Le cœur me battoit de joie durant la route, & le moment où je dépofai cet argent dans fes mains, me fut mille fois plus doux que celui où il entra dans les miennes. Elle le reçut avec cette fimplicité des belles ames, qui, faifant ces chofes-là fans effort, les voyent fans admiration. Cet argent fut employé prefque tout entier à mon ufage, & cela avec une égale fimplicité. L'emploi en eût exactement été le même, s'il lui fût venu d'autre part.

Cependant ma fanté ne fe rétabliffoit point. Je dépériffois au contraire à vue d'œil. J'étois pâle comme un mort, & maigre comme un fquelette. Mes battemens d'artères étoient terribles, mes palpitations plus fréquentes; j'étois continuellement oppreſſé, & ma foibleſſe enfin devint telle que j'avois peine à me mouvoir ; je ne pouvois preſſer le pas ſans étouffer ; je ne pouvois me baiſſer ſans avoir des vertiges ; je ne pouvois ſoulever le plus léger fardeau ; j'étois réduit à l'inaction la plus tourmentante pour un homme auſſi remuant que moi. Il eſt certain qu'il ſe mêloit à tout cela beaucoup de vapeurs. Les vapeurs ſont les maladies des gens heureux ; c'étoit la mienne : les pleurs que je verſois ſouvent ſans raiſon de pleurer, les frayeurs vives au bruit d'une feuille ou d'un oiſeau, l'inégalité d'humeur dans le calme de la plus douce vie, tout cela marquoit cet ennui du bien-être qui fait, pour ainſi dire, extravaguer la ſenſibilité. Nous ſommes ſi peu faits pour être heureux ici-bas, qu'il faut néceſſairement que l'ame ou le corps ſouffre quand ils ne ſouffrent pas tous les deux, & que le bon état de l'un fait preſque toujours tort à l'autre. Quand j'aurois pu jouir délicieuſement de la vie, ma machine en décadence m'en empêchoit, ſans qu'on pût dire où la cauſe du mal avoit ſon vrai ſiége. Dans la ſuite, malgré le déclin des ans & des maux très-réels & très-graves, mon corps ſemble

avoir repris des forces pour mieux ſentir mes malheurs , & maintenant que
j’écris ceci, infirme & preſque ſexagé-
naire, accablé de douleurs de toute eſpèce, je me ſens pour ſouffrir plus de
vigueur & de vie que je n’en eus pour
jouir à la fleur de mon âge & dans le
ſein du plus vrai bonheur.

Pour m’achever, ayant fait entrer un
peu de phiſiologie dans mes leĉtures, je
m’étois mis à étudier l’anatomie, &
paſſant en revue la multitude & le jeu
des pièces qui compoſoient ma machine, je m’attendois à ſentir détraquer
tout cela vingt fois le jour; loin d’être
étonné de me trouver mourant, je l’é-
tois que je puſſe encore vivre, & je ne
liſois pas la deſcription d’une maladie
que je ne cruſſe être la mienne. Je ſuis
ſûr que, ſi je n’avois pas été malade, je
le ſerois devenu par cette fatale étude.
Trouvant dans chaque maladie des
ſymptômes de la mienne, je croyois les
avoir toutes, & j’en gagnai par-deſſus
une plus cruelle encore dont je m’étois
cru délivré, la fantaiſie de guérir ; c’en
eſt une difficile à éviter quand on ſe
met à lire des livres de médecine. A
force de chercher , de réfléchir , de
comparer, j’allai m’imaginer que la baſe

de moa mal étoit un polype au cœur,
& *Salomon* lui-même parut frappé de
cette idée. Raisonnablement je devois
partir de cette opinion pour me confir-
mer dans ma résolution précédente. Je
ne fis point ainsi. Je tendis tous les res-
sorts de mon esprit pour chercher comment on pouvoit guérir d'un polype au
cœur, résolu d'entreprendre cette mer-
veilleuse cure. Dans un voyage qu'*Anet*
avoit fait à Montpellier pour aller voir
le jardin des plantes & le démonstrateur
M. *Sauvages*, on lui avoit dit que M.
Fizes avoit guéri un pareil polype. Maman s'en souvint & m'en parla. Il n'en
fallut pas davantage pour m'inspirer le
desir d'aller consulter M. *Fizes*. L'espoir
de guérir me fait retrouver du courage
& des forces pour entreprendre ce
voyage. L'argent venu de Genève en
fournit le moyen. Maman, loin de m'en
détourner, m'y exhorte, & me voilà
parti pour Montpellier.

Je n'eus pas besoin d'aller si loin pour
trouver le médecin qu'il me falloit. Le
cheval, me fatigant trop, j'avois pris
une chaise à Grenoble. A Moirans,
cinq ou six autres chaises arrivèrent à la
file, après la mienne. Pour le coup,
c'étoit vraiment l'avanture des bran-

cards. La plupart de ces chaises étoient
le cortège d'une nouvelle mariée, appellée Madame de ***. Avec elle étoit
une autre femme, appellée Madame
N***, moins jeune & moins belle que
Madame de ***, mais non moins aimable, & qui, de Romans où s'arrê-
toit celle-ci, devoit poursuivre sa route
jusqu'au ***, près le Pont du Saint-
Esprit. Avec la timidité qu'on me con-
noît, on s'attend que la connoissance
ne fut pas si tôt faite avec des femmes
brillantes, & la suite qui les entouroit :
mais enfin, suivant la même route, lo-
geant dans les mêmes auberges, & sous
peine de passer pour un loup-garou,
forcé de me présenter à la même table,
il falloit bien que cette connoissance se
fît ; elle se fit donc, & même plutôt
que je n'aurois voulu ; car tout ce fracas ne convenoit guères à un malade,
& sur-tout à un malade de mon humeur.
Mais la curiosité rend ces coquines de
femmes si insinuantes, que pour parvenir à connoître un homme, elles
commencent par lui faire tourner la
tête. Ainsi arriva de moi. Madame
de ***. trop entourée de ses jeunes ro-
quets, n'avoit guères le tems de m'a-
gacer, & d'ailleurs ce n'en étoit pas la

peine, puifque nous allions nous quitter ; mais Madame *N****, moins obfédée, avoit des provifions à faire pour fa route : voilà Madame *N**** qui m'entreprend, & adieu le pauvre *Jean-Jaques*, ou plutôt, adieu la fièvre, les vapeurs, le polype, tout part auprès d'elle, hors certaines palpitations qui me reftèrent, & dont elle ne vouloit pas me guérir. Le mauvais état de ma fanté fut le premier texte de notre connoiffance. On voyoit que j'étois malade, on favoit que j'allois à Montpellier, & il faut que mon air & mes manières n'annonçaffent pas un débauché ; car il fut clair dans la fuite qu'on ne m'avoit pas foupçonné d'aller y faire un tour de cafferolle. Quoique l'état de maladie ne foit pas pour un homme une grande recommandation près des Dames, il me rendit toutefois intéreffant pour celles-ci. Le matin, elles envoyoient favoir de mes nouvelles, & m'inviter à prendre le chocolat avec elles ; elles s'informoient comment j'avois paffé la nuit. Une fois, felon ma louable coutume de parler fans penfer, je répondis que je ne favois pas. Cette réponfe leur fit croire que j'étois fou ; elles m'examinèrent davantage, & ce t examen ne me nuifit pas. J'entendis une fois Madame de *** dire à fon amie : il manque de monde, mais il eſt aimable. Ce mot me raffura beaucoup, & fit que je le devins en effet.

En fe familiarifant, il falloit parler de foi, dire d'où l'on venoit, qui l'on étoit. Cela m'embarraffoit ; car je fentois très - bien que , parmi la bonne compagnie, & avec des femmes galantes, ce mot de nouveau converti m'alloit tuer. Je ne fais par quelle bizarrerie je m'avifai de paffer pour Anglois. Je me donnai pour Jacobite, on me prit pour tel ; je m'appellai *Dudding*, & l'on m'appella M. *Dudding*. Un maudit Marquis de ***, qui étoit là, malade ainfi que moi, vieux au par-deffus , & d'affez mauvaife humeur, s'avifa de lier converfation avec M. *Dudding*. Il me parla du Roi Jacques, du Prétendant, de l'ancienne Cour de St. Germain. J'étois fur les épines. Je ne favois, de tout cela, que le peu que j'en avois lu dans le Comte Hamilton & dans les gazettes ; cependant je fis , de ce peu, fi bon ufage, que je me tirai d'affaire : heureux qu'on ne fe fût pas avifé de me queftionner fur la langue angloife dont je ne favois pas un feul mot.

Toute la compagnie fe convenoit, & voyoit à regret le moment de fe quitter. Nous faifions des journées de limaçon. Nous nous trouvâmes un Dimanche à St. Marcellin; Madame *N**** voulut aller à la meffe, j'y fus avec elle; cela faillit à gâter mes affaires. Je me comportai comme j'ai toujours fait. Sur ma contenance modefte & recueillie, elle me crut dévot, & prit de moi la plus mauvaife opinion du monde, comme elle me l'avoua deux jours après. Il me fallut enfuite beaucoup de galanterie pour effacer cette mauvaife impreffion, ou plutôt, Madame *N****, en femme d'expérience, & qui ne fe rebutoit pas aifément, voulut bien courir les rifques de fes avances, pour voir comment je m'en tirerois. Elle m'en fit beaucoup, & de telles, que bien éloigné de préfumer de ma figure, je crus qu'elle fe moquoit de moi. Sur cette folie, il n'y eut forte de bêtifes que je ne fiffe; c'étoit pis que le Marquis du *Legs*. Madame *N**** tint bon, me fit tant d'agaceries, & me dit des chofes fi tendres, qu'un homme beaucoup

moins

moins fot eût eu bien de la peine à prendre tout cela férieufement. Plus elle en
faifoit , plus elle me confirmoit dans
mon idée, & ce qui me tourmentoit davantage , étoit qu'à bon compte je me
prenois d'amour tout de bon. Je me
difois , & je lui difois , en foupirant :
ah ! que tout cela n'eft-il vrai ! je ferois
le plus heureux des hommes. Je crois
que ma fimplicité de novice ne fit qu'irriter fa fantaifie , elle n'en voulut pas
avoir le démenti.

Nous avions laiffé à Romans Madame de ***, & fa fuite. Nous con-
tinuions notre route le plus lentement
& le plus agréablement du monde,
Madame *N***, le Marquis de ***, &
moi. Le Marquis , quoique malade &
grondeur , étoit un affez bon homme ,
mais qui n'aimoit pas trop à manger fon
pain à la fumée du rôti. Madame *N***
cachoit fi peu le goût qu'elle avoit pour
moi, qu'il s'en apperçût plutôt que moi-
même , & fes farcafmes malins auroient
dû me donner au moins la confiance
que je n'ofois prendre aux bontés de la
Dame , fi , par un travers d'efprit dont
moi feul étois capable , je ne m'étois
imaginé qu'ils s'entendoient pour me
perfiffler. Cette fotte idée acheva de

me renverſer la tête , & me fit faire le
plus plat perſonnage , dans une ſituation où , mon cœur étant réellement
pris , m'en pouvoit dicter un aſſez brillant. Je ne conçois pas comment Madame N*** ne ſe rebuta pas de ma mauſ-
ſaderie , & ne me congédia pas avec le
dernier mépris. Mais c'étoit une femme
d'eſprit , qui ſavoit diſcerner ſon monde,
& qui voyoit bien qu'il y avoit plus de
bêtiſe que de tiédeur dans mes procédés.

Elle parvint enfin à ſe faire entendre , & ce ne fut pas ſans peine. A Valence nous étions arrivés pour dîner ,
& ſelon notre louable coutume nous y
paſſâmes le reſte du jour. Nous étions
logés hors de la ville à Saint-Jacques ;
je me ſouviendrai toujours de cette auberge ainſi que de la chambre que Madame N***. y occupoit. Après le dîné
elle voulut ſe promener; elle ſavoit que
le Marquis n'étoit pas allant : c'étoit
le moyen de ſe ménager un tête-à-tête
dont elle avoit bien réſolu de tirer parti ;
car il n'y avoit plus de tems à perdre
pour en avoir à mettre à profit. Nous
nous promenions autour de la ville , le
long des foſſés. Là je repris la longue
hiſtoire de mes complaintes, auxquelles
elle répondoit d'un ton ſi tendre , me

preffant quelquefois contre fon cœur
le bras qu'elle tenoit, qu'il falloit une
ftupidité pareille à la mienne pour m'empêcher de vérifier fi elle parloit férieufement. Ce qu'il y avoit d'impayable,
étoit que j'étois moi-même exceffive-
ment ému. J'ai dit qu'elle étoit aimable;
l'amour la rendoit charmante ; il lui
rendoit tout l'éclat de la première jeuneffe, & elle ménageoit fes agaceries
avec tant d'art qu'elle auroit féduit un
homme à l'épreuve. J'étois donc fort
mal à mon aife & toujours fur le point
de m'émanciper. Mais la crainte d'offenfer ou de déplaire ; la frayeur plus
grande encore d'être hué, fifflé, berné,
de fournir une hiftoire à table, & d'être
complimenté fur mes entreprifes par
l'impitoyable Marquis, me retinrent au
point d'être indigné moi-même de ma
fotte honte, & de ne la pouvoir vaincre en me la reprochant. J'étois au
fupplice ; j'avois déjà quitté mes propos de Céladon dont je fentois tout le
ridicule en fi beau chemin ; ne fachant
plus quelle contenance tenir, ni que
dire, je me taifois ; j'avois l'air bou-
deur ; enfin je faifois tout ce qu'il falloit pour m'attirer le traitement que

j'avois redouté. Heureusement, Madame *N****. prit un parti plus humain. Elle interrompit brusquement ce silence en passant un bras autour de mon cou, & dans l'instant sa bouche parla trop clairement sur la mienne pour me laisser mon erreur. La crise ne pouvoit se faire plus à propos. Je devins aimable. Il en étoit tems. Elle m'avoit donné cette confiance dont le défaut m'a presque toujours empêché d'être moi. Je le fus alors. Jamais mes yeux, mes sens, mon cœur & ma bouche n'ont si bien parlé ; jamais je n'ai si pleinement réparé mes torts, & si cette petite conquête avoit coûté des soins à Madame *N****. j'eus lieu de croire qu'elle n'y avoit pas regret.

Quand je vivrois cent ans, je ne me rappellerois jamais sans plaisir le souvenir de cette charmante femme. Je dis charmante, quoiqu'elle ne fût ni belle ni jeune ; mais n'étant non plus ni laide ni vieille, elle n'avoit rien dans sa figure qui empêchât son esprit & ses graces de faire tout leur effet. Tout au contraire des autres femmes, ce qu'elle avoit de moins frais étoit le visage, & je crois que le rouge le lui avoit gâté.

Elle avoit ses raisons pour être facile : c'étoit le moyen de valoir tout son prix. On pouvoit la voir sans l'aimer, mais non pas la posséder sans l'adorer, & cela prouve, ce me semble, qu'elle n'étoit pas toujours aussi prodigue de ses bontés qu'elle le fut avec moi. Elle s'étoit prise d'un goût trop prompt & trop vif pour être excusable, mais où le cœur entroit du moins autant que les sens, & durant le tems court & délicieux que je passai auprès d'elle, j'eus lieu de croire aux ménagemens forcés qu'elle m'imposoit, que quoique sensuelle & voluptueuse elle aimoit encore mieux ma santé que ses plaisirs.

Notre intelligence n'échappa pas au Marquis. Il n'en tiroit pas moins sur moi : au contraire il me traitoit plus que jamais en pauvre amoureux transi, martyr des rigueurs de sa Dame. Il ne lui échappa jamais un mot, un sourire, un regard qui pût me faire soupçonner qu'il nous eût devinés, & je l'aurois cru notre dupe, si Madame N***. qui voyoit mieux que moi, ne m'eût dit qu'il ne l'étoit pas, mais qu'il étoit galant homme ; & en effet on ne sauroit avoir des attentions plus honnêtes, ni se comporter plus poliment qu'il fit toujours , même envers moi, fauf fes plaifanteries , fur-tout depuis mon fuccès : il m'en attribuoit l'honneur peut-être , & me fuppofoit moins fot que je ne l'avois paru ; il fe trompoit comme on a vu , mais n'importe ; je profitois de fon erreur , & il eft vrai qu'alors les rieurs étant pour moi je prêtois le flanc de bon cœur & d'affez bonne grace à fes épigrammes ; & j'y ripoftois quelquefois même affez heureufement, tout fier de me faire honneur auprès de Madame N***. de l'efprit qu'elle m'avoit donné. Je n'étois plus le même homme.

Nous étions dans un pays & dans une faifon de bonne chère. Nous la faifions par - tout excellente, grace aux bons foins du Marquis. Je me ferois pourtant paffé qu'il les étendît jufqu'à nos chambres; mais il envoyoit devant fon laquais pour les retenir, & le coquin , foit de fon chef, foit par l'ordre de fon maître , le logeoit toujours à côté de Madame N***. & me fourroit à l'autre bout de la maifon; mais cela ne m'embarraffoit guéres , & nos rendez-vous n'en étoient que plus piquans. Cette vie délicieufe dura quatre ou cinq jours, pendant lefquels je m'enivrai des plus douces voluptés. Je les goûtois pures , vives, fans aucun mélange de peines, ce font les premières & les feules que j'aïe ainfi goûtées, & je puis dire que je dois à Madame *N****. de ne pas mourir fans avoir connu le plaifir.

Si ce que je fentois pour elle n'étoit pas précifément de l'amour, c'étoit du moins un retour fi tendre pour celui qu'elle me témoignoit, c'étoit une fenfualité fi brûlante dans le plaifir & une intimité fi douce dans les entretiens, qu'elle avoit tout le charme de la paffion fans en avoir le délire, qui tourne la tête & fait qu'on ne fait pas jouir. Je n'ai fenti l'amour vrai qu'une feule fois en ma vie, & ce ne fut pas auprès d'elle. Je ne l'aimois pas non plus comme j'avois aimé & comme j'aimois Madame de *Warens*; mais c'étoit pour cela même que je la poffédois cent fois mieux. Près de Maman, monplaifir étoit toujours troublé par un fentiment de triftefle, par un fecret ferrement de cœur que je ne furmontois pas fans peine; au lieu de me féliciter de la pofféder, je me reprochois de l'avilir. Près de Madame *N***. au contraire, fier d'être homme & d'être heureux, je me livrois à mes fens avec joie, avec confiance, je partageois l'impreffion que je faifois fur les fiens ; j'étois affez à moi pour contempler avec autant de vanité que de volupté mon triomphe , & pour tirer de-là de quoi le redoubler.

Je ne me fouviens pas de l'endroit où nous quitta le Marquis, qui étoit du pays ; mais nous nous trouvâmes feuls avant d'arriver à Montelimar, & dèslors Madame *N* * * *. établit fa femme-de-chambre dans ma chaife, & je paffai dans la fienne avec elle. Je puis affurer que la route ne nous ennuyoit pas de cette manière, & j'aurois eu bien de la peine à dire comment le pays que nous parcourions étoit fait. A Montelimar , elle eut des affaires qui l'y retinrent trois jours , durant lefquels elle ne me quitta pourtant qu'un quart-d'heure, pour une vifite qui lui attira des importunités défolantes & des invitations qu'elle n'eut garde d'accepter. Elle prétexta des incommodités qui ne nous empêchèrent pourtant pas d'aller nous promener tous les jours tête à-tête dans le plus beau pays & fous le plus beau ciel du monde. Oh, ces trois jours ! j'ai dû les regretter quelquefois ; il n'en eft plus revenu de femblables.

Des amours de voyage ne font pas

faits pour durer. Il fallut nous séparer,
& j'avoue qu'il en étoit tems ; non que
je fuffe raffaffié, ni prêt à l'être ; je
m'attachois chaque jour davantage ;
mais malgré toute la difcrétion de la
Dame, il ne me reftoit guères que la
bonne volonté. Nous donnâmes le
change à nos regrets par des projets
pour notre réunion. Il fut décidé que,
puifque ce régime me faifoit du bien,
j'en uferois, & que j'irois paffer l'hiver
au * * *. fous la direction de Madame
N * * *. Je devois feulement refter à
Montpellier cinq ou fix femaines, pour
lui laiffer le tems de préparer les chofes
de manière à prévenir les caquets. Elle
me donna d'amples inftructions fur ce
que je devois favoir, fur ce que je devois dire, fur la manière dont je devois
me comporter. En attendant, nous de-
vions nous écrire. Elle me parla beaucoup & férieufement du foin de ma
fanté ; m'exhorta de confulter d'habiles
gens, d'être très-attentif à tout ce qu'ils
me prefcriroient, & fe chargea, quelque févère que pût être leur ordonnance, de me la faire exécuter tandis
que je ferois auprès d'elle. Je crois
qu'elle parloit fincèrement, car elle
m'aimoit : elle m'en donna mille preu-

ves plus sûres que des faveurs. Elle jugea par mon équipage que je ne nageois pas dans l'opulence ; quoiqu'elle ne fût pas riche elle-même, elle voulut à notre séparation me forcer de partager sa bourse qu'elle apportoit de Grenoble assez bien garnie, & j'eus beaucoup de peine à m'en défendre. Enfin, je la quittai, le cœur tout plein d'elle, & lui laissant, ce me semble, un véritable attachement pour moi.

J'achevois ma route, en la recommençant dans mes souvenirs, & pour le coup très-content d'être dans une bonne chaise pour y rêver plus à mon aise aux plaisirs que j'avois goûtés, & à ceux qui m'étoient promis. Je ne pensois qu'au ***, & à la charmante vie qui m'y attendoit. Je ne voyois que Madame N*** & ses entours. Tout le reste de l'univers n'étoit rien pour moi, Maman même étoit oubliée. Je m'occupois à combiner dans ma tête tous les détails dans lesquels Madame N*** étoit entrée, pour me faire d'avance une idée de sa demeure, de son voisinage, de ses sociétés, de toute sa manière de vivre. Elle avoit une fille dont elle m'avoit parlé très-souvent en mère idolâtre. Cette fille avoit quinze ans passés ; elle étoit vive , charmante , & d'un caractère aimable. On m'avoit promis que j'en serois caressé. Je n'avois pas oublié cette promesse, & j'étois fort curieux d'imaginer comment Mademoiselle *N**** traiteroit le bon ami de sa Maman. Tels furent les sujets de mes rêveries depuis le Pont Saint-Esprit jusqu'à Remoulin. On m'avoit dit d'aller voir le Pont-du-Gard ; je n'y manquai pas. Après un déjeûné d'excellentes figues , je pris un guide & j'allai voir le Pont-du-Gard. C'étoit le premier ouvrage des Romains que j'eusse vu. Je m'attendois à voir un monument digne des mains qui l'avoient construit. Pour le coup , l'objet passa mon attente , & ce fut la seule fois en ma vie. Il n'appartenoit qu'aux Romains de produire cet effet. L'aspect de ce simple & noble ouvrage me frappa d'autant plus qu'il est au milieu d'un désert , où le silence & la solitude rendent l'objet plus frappant & l'admiration plus vive ; car ce prétendu pont n'étoit qu'un aqueduc. On se demande quelle force a transporté ces pierres énormes si loin de toute carrière , & a réuni les bras de tant de milliers d'hommes dans un lieu où il n'en habite aucun ? Je parcourus les trois étages de ce superbe édifice, que le respect m'empêchoit presque d'oser fouler sous mes pieds. Le retentissement de mes pas sous ces immenses voûtes me faisoit croire entendre la forte voix de ceux qui les avoient bâties. Je me perdois comme un insecte dans cette immensité. Je sentois, tout en me faisant petit, je ne sais quoi qui m'élevoit l'ame , & je me disois en soupirant : que ne suis-je né Romain ! Je restai là plusieurs heures dans une contemplation ravissante. Je m'en revins distrait & rêveur, & cette rêverie ne fut pas favorable à Madame N***. Elle avoit bien songé à me prémunir contre les filles de Montpellier, mais non pas contre le Pont-du-Gard. On ne s'avise jamais de tout.

A Nîmes, j'allai voir les Arênes ; c'est un ouvrage beaucoup plus magnifique que le Pont-du-Gard , & qui me fit beaucoup moins d'impression , soit que mon admiration se fût épuisée sur le premier objet, soit que la situation de l'autre au milieu d'une ville fût moins propre à l'exciter. Ce vaste & superbe Cirque est entouré de vilaines petites maisons , & d'autres maisons plus petites & plus vilaines encore en remplisfent l'arène, de forte que le tout ne produit qu'un effet difparate & confus, où le regret & l'indignation étouffent le plaifir & la furprife. J'ai vu depuis le Cirque de Vérone infiniment plus petit & moins beau que celui de Nîmes, mais entretenu & confervé avec toute la décence & la propreté poffibles, & qui par cela même me fit une impreffion plus forte & plus agréable. Les François n'ont foin de rien, & ne refpectent aucun monument. Ils font tout feu pour entreprendre, & ne favent rien finir, ni rien entretenir.

J'étois changé à tel point, & ma fenfualité, mife en exercice, s'étoit fi bien éveillée, que je m'arrêtai un jour au Pont-de-Lunel pour y faire bonne chère, avec de la compagnie qui s'y trouva. Ce cabaret, le plus eftimé de l'Europe, méritoit alors de l'être. Ceux qui le tenoient avoient fu tirer parti de fon heureufe fituation, pour le tenir abondamment approvifionné & avec choix. C'étoit réellement une chofe curieufe de trouver dans une maifon feule & ifolée au milieu de la campagne, une table fournie en poiffon de mer & d'eau douce, en gibier excellent, en vins fins, fervie avec ces attentions & ces foins

qu'on ne trouve que chez les grands &
les riches , & tout cela pour vos trente-
cinq fous. Mais le Pont-de-Lunel ne
refta pas long-tems fur ce pied ; & à
force d'ufer fa réputation , il la perdit
enfin tout-à-fait.

J'avois oublié durant ma route que
j'étois malade ; je m'en fouvins en arrivant à Montpellier. Mes vapeurs étoient
bien guéries , mais tous mes autres
maux me reftoient , & quoique l'habitude m'y rendit moins fenfible , c'en
étoit affez pour fe croire mort à qui s'en
trouveroit attaqué tout d'un coup. En
effet , ils étoient moins douloureux
qu'effrayans , & faifoient plus fouffrir
l'efprit que le corps dont ils fembloient
annoncer la deftruction. Cela faifoit que
diftrait par des paffions vives, je ne fongeois plus à mon état ; mais comme il
n'étoit pas imaginaire , je le fentois fi-
tôt que j'étois de fang-froid. Je fongeai
donc férieufement aux confeils de Madame *N***. & au but de mon voyage.
J'allai confulter les praticiens les plus il-
luftres , fur-tout M. *Fizes* , & pour fura-
bondance de précaution je me mis en
penfion chez un médecin. C'étoit un
Irlandois appellé *Fitz-Moris* , qui tenoit une table affez nombreufe d'étu-

dians en médecine, & il y avoit cela de commode pour un malade à s'y mettre, que M. *Fitz-Moris* se contentoit d'une pension honnête pour la nourriture, & ne prenoit rien de ses pensionnaires pour ses soins, comme médecin. Il se chargea de l'exécution des ordonnances de M. *Fizes*, & de veiller sur ma santé. Il s'acquitta fort bien de cet emploi, quant au régime; on ne gagnoit pas d'indigestions à cette pension-là, & quoique je ne sois pas fort sensible aux privations de cette espèce, les objets de comparaison étoient si proches, que je ne pouvois m'empêcher de trouver quelquefois en moi même, que *M****. étoit un meilleur pourvoyeur que M. *Fitz-Moris*. Cependant comme on ne mouroit pas de faim, non plus, & que toute cette jeunesse étoit fort gaie; cette manière de vivre, me fit du bien réellement, & m'empêcha de retomber dans mes langueurs. Je passois la matinée à prendre des drogues, surtout, je ne sais quelles eaux, je crois les eaux de Vals, & à écrire à Madame *N****. car la correspondance alloit son train, & *Rousseau* se chargeoit de retirer les lettres de son ami *Dudding*. A midi j'allois faire un tour à la Canourgue avec quelqu'un de nos jeunes commençaux, qui tous étoient de très-bons enfans ; on se rassembloit, on alloit dîner. Après dîné, une importante affaire occupoit la plupart d'entre nous jusqu'au soir : c'étoit d'aller hors de la ville jouer le goûté en deux ou trois parties de mail. Je ne jouois pas ; je n'en avois ni la force ni l'adresse, mais je pariois, & suivant avec l'intérêt du pari, nos joueurs & leurs boules à travers des chemins raboteux & pleins de pierres, je faisois un exercice agréable & salutaire qui me convenoit tout-à-fait. On goûtoit dans un cabaret hors la ville. Je n'ai pas besoin de dire que ces goûtés étoient gais, mais j'ajouterai qu'ils étoient assez décens, quoique les filles du cabaret fussent jolies. M. *Fitz Moris*, grand joueur de mail, étoit notre président, & je puis dire, malgré la mauvaise réputation des étudians, que je trouvai plus de mœurs & d'honnêteté parmi toute cette jeunesse, qu'il ne seroit aisé d'en trouver dans le même nombre d'hommes faits. Ils étoient plus bruyans que crapuleux, plus gais que libertins, & je me monte si aisément à un train de vie quand il est volontaire, que je n'aurois pas mieux demandé que de voir durer celui-là toujours. Il y avoit parmi ces étudians plusieurs Irlandois, avec lesquels je tâchois d'apprendre quelques mots d'Anglois, par précaution pour le * * *. car le tems approchoit de m'y rendre. Madame *N***. m'en pressoit chaque ordinaire, & je me préparois à lui obéir. Il étoit clair, que mes médecins, qui n'avoient rien compris à mon mal, me regardoient comme un malade imaginaire, & me traitoient sur ce pied, avec leur squine, leurs eaux & leur petit-lait. Tout au contraire des théologiens, les médecins & les philosophes n'admettent pour vrai que ce qu'ils peuvent expliquer, & font de leur intelligence la mesure des possibles. Ces Messieurs ne connoissoient rien à mon mal ; donc je n'étois pas malade : car comment supposer que des Docteurs ne sussent pas tout ? Je vis qu'ils ne cherchoient qu'à m'amuser & me faire manger mon argent, & jugeant que leur substitut du * * *. feroit cela tout aussi bien qu'eux, mais plus agréablement, je résolus de lui donner la préférence, & je quittai Montpellier dans cette sage intention.

Je partis vers la fin de Novembre après six semaines ou deux mois de séjour dans cette ville, où je laiſſai une douzaine de louis ſans aucun profit pour ma ſanté ni pour mon inſtruction, ſi ce n'eſt un cours d'anatomie commencé ſous M. *Fiz-Moris*, & que je fus obligé d'abandonner par l'horrible puanteur des cadavres qu'on diſſéquoit, & qu'il me fut impoſſible de ſupporter.

Mal à mon aiſe au-dedans de moi ſur la réſolution que j'avois priſe, j'y réfléchiſſois en m'avançant toujours vers le Pont Saint-Eſprit, qui étoit également la route du * * *. & de Chambery. Les ſouvenirs de Maman, & ſes lettres, quoique moins fréquentes que celles de Madame *N* ***. réveilloient dans mon cœur des remords que j'avois étouffés durant ma première route. Ils devinrent ſi vifs au retour, que, balançant l'amour du plaiſir, ils me mirent en état d'écouter la raiſon ſeule. D'abord dans le rôle d'aventurier que j'allois recommencer, je pouvois être moins heureux que la première fois ; il ne falloit dans tout le * * *. qu'une ſeule perſonne qui eût été en Angleterre, qui connût les Anglois, ou qui ſût leur langue, pour me démaſquer. La famille de Madame *N* ***. pouvoit ſe prendre de mauvaiſe humeur contre moi, & me traiter peu

honnêtement. Sa fille à laquelle, malgré
moi je penfois plus qu’il n’eût fallu,
m’inquiétoit encore. Je tremblois d’en
devenir amoureux, & cette peur faifoit
déjà la moitié de l’ouvrage. Allois-je
donc pour prix des bontés de la mère,
chercher à corrompre fa fille, à lier le
plus déteftable commerce, à mettre la
diffention, le dèshonneur, le fcandale &
l’enfer dans fa maifon ? Cette idée me fit
horreur, je pris bien la ferme réfolution
de me combattre & de me vaincre fi ce
malheureux penchant venoit à fe déclarer. Mais pourquoi m’expofer à ce
combat ? Quel miférable état de vivre
avec la mère dont je ferois raffafié, &
de brûler pour la fille, fans ofer lui montrer mon cœur ? Quelle néceffité d’aller
chercher cet état, & m’expofer aux malheurs, aux affronts, aux remords, pour
des plaifirs, dont j’avois d’avance épuifé
le plus grand charme : car il eft certain
que ma fantaifie avoit perdu fa première
vivacité. Le goût du plaifir y étoit encore, mais la paffion n’y étoit plus. A cela
fe mêloient des réflexions relatives à ma
fituation, à mes devoirs, à cette Maman, fi bonne, fi généreufe, qui déjà
chargée de dettes, l’étoit encore de mes
folles dépenfes, qui s’épuifoit pour moi,

& que je trompois si indignement. Ce reproche devint si vif, qu'il l'emporta à la fin. En approchant du Saint-Esprit, je pris la résolution de brûler l'étappe du ***. & de passer tout droit. Je l'exécutai courageusement, avec quelques soupirs, je l'avoue ; mais aussi avec cette satisfaction intérieure que je goûtois pour la première fois de ma vie de me dire, je mérite ma propre estime : je sais préférer mon devoir à mon plaisir. Voilà la première obligation véritable que j'aye à l'étude. C'étoit elle qui m'avoit appris à réfléchir, à comparer. Après les principes si purs que j'avois adoptés, il y avoit peu de tems ; après les règles de sagesse & de vertu que je m'étois faites, & que je m'étois senti si fier de suivre ; la honte d'être si peu conséquent à moi-même, de démentir si-tôt & si haut mes propres maximes, l'emporta sur la volupté : l'orgueil eût peut-être autant de part à ma résolution que la vertu ; mais si cet orgueil n'est pas la vertu même, il a des effets si semblables qu'il est pardonnable de s'y tromper.

L'un des avantages des bonnes actions est d'élever l'ame & de la disposer à en faire de meilleures · car telle eft la foibleffe humaine qu'on doit mettre au nombre des bonnes actions, l'abftinence du mal qu'on eft tenté de commetre. Si-tôt que j'eus pris ma ré-folution, je devins un autre homme, ou plutôt je redevins celui que j'étois auparavant, & que ce moment d'ivreffe avoit fait difparoître. Plein de bons fentimens & de bonnes réfolutions, je continuai ma route dans la bonne intention d'expier ma faute ; ne pen-fant qu'à régler déformais ma con-duite fur les loix de la vertu, à me con-facrer fans réferve au fervice de la meilleure des meres, à lui vouer au-tant de fidélité que j'avois d'attache-ment pour elle , & à n'écouter plus d'autre amour que celui de mes de-voirs. Hélas ! La fincérité de mon re-tour au bien fembloit me promettre une autre deftinée ; mais la mienne étoit écrite & déjà commencée , & quand mon cœur plein d'amour pour les cho-fes bonnes & honnêtes, ne voyoit plus qu'innocence & bonheur dans la vie, je touchois au moment funefte qui de-voit traîner à fa fuite la longue chaîne de mes malheurs.

L'empreffement d'arriver me fit faire plus de diligence que je n'avois compté.

Je lui avois annoncé de Valence le jour & l'heure de mon arrivée. Ayant gagné une demi-journée fur mon calcul, je reftai autant de tems à Chaparillan, afin d'arriver jufte au moment que j'avois marqué. Je voulois goûter dans tout fon charme le plaifir de la revoir. J'aimois mieux le différer un peu pour y joindre celui d'être attendu. Cette précaution m'avoit toujours réuffi. J'avois vu toujours marquer mon arrivée par une efpèce de petite fête : je n'en attendois pas moins cette fois, & ces empreffemens qui m'étoient fi fenfibles, valoient bien la peine d'être ménagés.

J'arrivai donc exactement à l'heure. De très-loin je regardois fi je ne la verrois point fur le chemin ; le cœur me battoit de plus en plus à mefure que j'approchois. J'arrive effoufflé ; car j'avois quitté ma voiture en ville : je ne vois perfonne dans la cour, fur la porte, à la fenètre ; je commence à me troubler ; je redoute quelque accident. J'entre ; tout eft tranquille ; des ouvriers goûtoient dans la cuifine ; du refte aucun apprêt. La fervante parut furprife de me voir ; elle ignoroit que je duffe arriver. Je monte, je la vois

enfin, cette chère Maman si tendrement, si vivement, si purement aimée;
j'accours, je m'élance à ses pieds. Ah!
te voilà, petit! me dit-elle en m'embrassant : as-tu fait bon voyage? Comment te portes-tu? Cet accueil m'in-
terdit un peu. Je lui demandai si elle
n'avoit pas reçu ma lettre? Elle me
dit qu'oui. J'aurois cru que non, lui
dis je ; & l'éclaircissement finit là. Un
jeune homme étoit avec elle. Je le connoissois pour l'avoir vu déjà dans la
maison avant mon départ : mais cette
fois il y paroissoit établi, il l'étoit. Bref,
je trouvai ma place prise.

Ce jeune homme étoit du Pays-de-
Vaud, son père appellé *Vintzenried*,
étoit concierge, ou soi-disant capitaine
du château de Chillon. Le fils de Monsieur le capitaine étoit garçon perru-
quier, & couroit le monde en cette
qualité, quand il vint se présenter à
Madame de *Warens*, qui le reçut bien,
comme elle faisoit tous les passans, &
sur-tout ceux de son pays. C'étoit un
grand fade blondin, assez bien fait, le
visage plat, l'esprit de même, parlant
comme le beau *Léandre*, mêlant tous
les tons, tous les goûts de son état
avec la longue histoire de ses bonnes

fortunes ; ne nommant que la moitié des Marquiſes avec leſquelles il avoit couché , & prétendant n'avoir point coëffé de jolies femmes, dont il n'eût auſſi coëffé les maris. Vain , ſot, ignorant, inſolent ; au demeurant le meilleur fils du monde. Tel fut le ſubſtitut qui me fut donné durant mon abſence , & l'aſ-ſocié qui me fut offert après mon re-tour.

O ! Si les ames dégagées de leurs terreſtres entraves , voyent encore du ſein de l'éternelle lumière ce qui ſe paſſe chez les mortels , pardonnez , ombre chère & reſpectable , ſi je ne fais pas plus de grace à vos fautes qu'aux miennes , ſi je dévoile également les unes & les autres aux yeux des lec-teurs ! Je dois , je veux être vrai pour vous comme pour moi-même ; vous y perdrez toujours beaucoup moins que moi. Eh ! Combien votre aimable & doux caractère , votre inépuiſable bonté de cœur , votre franchiſe & toutes vos excellentes vertus ne rachetent-elles pas de foibleſſes , ſi l'on peut appeller ainſi les torts de votre ſeule raiſon ? Vous eûtes des erreurs & non pas des vices ; votre conduite fut repréhenſi-ble , mais votre cœur fut toujours pur.

Le

Le nouveau venu s'étoit montré zélé, diligent, exact pour toutes ses petites commissions, qui étoient toujours en grand nombre ; il s'étoit fait le piqueur de ses ouvriers. Aussi bruyant que je l'étois peu, il se faisoit voir & sur-tout entendre à la fois à la charrue, aux foins, au bois, à l'écurie, à la basse-cour. Il n'y avoit que le jardin qu'il négligeoit, parce que c'étoit un travail trop paisible & qui ne faisoit point de bruit. Son grand plaisir étoit de charger & charrier, de scier ou fendre du bois ; on le voyoit toujours la hache ou la pioche à la main ; on l'entendoit courir, coigner, crier à pleine tête. Je ne sais de combien d'hommes il faisoit le travail, mais il faisoit toujours le bruit de dix ou douze. Tout ce tintamare en imposa à ma pauvre Maman ; elle crut ce jeune homme un trésor pour ses affaires. Voulant se l'attacher, elle employa pour cela tous les moyens qu'elle y crut propres, & n'oublia pas celui sur lequel elle comptoit le plus.

On a dû connoître mon cœur, ses sentimens les plus constans, les plus vrais, ceux sur-tout qui me ramenoient en ce moment auprès d'elle. Quel prompt & plein bouleverfement dans tout mon être ! Qu'on fe mette à ma place pour en juger. En un moment je vis évanouir pour jamais tout l'avenir de félicité que je m'étois peint. Toutes les douces idées que je careffois fi affectueufement difparurent ; & moi qui depuis mon enfance ne favois voir mon exiftence qu'avec la fienne, je me vis feul pour la première fois. Ce moment fut affreux : ceux qui le fuivirent furent toujours fombres. J'étois jeune encore : mais ce doux fentiment de jouiffance & d'efpérance qui vivifie la jeuneffe me quitta pour jamais. Dès-lors l'être fenfible fut mort à demi. Je ne vis plus devant moi que les triftes reftes d'une vie infipide, & fi quelquefois encore une image de bonheur effleura mes defirs, ce bonheur n'étoit plus celui qui m'étoit propre, je fentois qu'en l'obtenant je ne ferois pas vraiment heureux.

J'étois fi bête, & ma confiance étoit fi pleine, que malgré le ton familier du nouveau venu, que je regardois comme un effet de cette facilité d'humeur de Maman, qui rapprochoit tout le monde d'elle, je ne me ferois pas avifé d'en foupçonner la véritable caufe, fi elle

ne me l'eût dite elle-même ; mais elle
se pressa de me faire cet aveu avec une
franchise capable d'ajouter à ma rage,
si mon cœur eût pu se tourner de ce
côté-là ; trouvant quant-à-elle la chose
toute simple, me reprochant ma négligence dans la maison, & m'alléguant
mes fréquentes absences, comme si elle
eût été d'un tempérament fort pressé
d'en remplir les vuides. Ah ! Maman,
lui dis-je, le cœur serré de douleur,
qu'osez-vous m'apprendre ? Quel prix
d'un attachement pareil au mien ? Ne
m'avez-vous tant de fois conservé la
vie, que pour m'ôter tout ce qui me la
rendoit chère ? J'en mourrai, mais
vous me regretterez. Elle me répondit
d'un ton tranquille à me rendre fou,
que j'étois un enfant, qu'on ne mouroit point de ces choses-là ; que je ne
perdrois rien, que nous n'en serions
pas moins bons amis, pas moins inti-
mes dans tous les sens , que son tendre
attachement pour moi ne pouvoit ni
diminuer ni finir qu'avec elle. Elle me
fit entendre, en un mot, que tous mes
droits demeuroient les mêmes, & qu'en
les partageant avec un autre, je n'en
étois pas privé pour cela.

M ij

Jamais la pureté, la vérité, la force de mes fentimens pour elle ; jamais la fincérité, l'honnêteté de mon ame ne fe firent mieux fentir à moi que dans ce moment. Je me précipitai à fes pieds, j'embraffai fes genoux en verfant des torrens de larmes. Non, Maman, lui dis-je avec tranfport ; je vous aime trop pour vous avilir ; votre poffeffion m'eft trop chère pour la partager : les regrets qui l'accompagnèrent quand je l'acquis fe font accrus avec mon amour ; non, je ne la puis conferver au même prix. Vous aurez toujours mes adorations ; foyez-en toujours digne : il m'eft plus néceffaire encore de vous honorer que de vous poffёder. C'eft à vous, ô Maman ! que je vous cède ; c'eft à l'union de nos cœurs que je facrifie tous mes plaifirs. Puiffai-je périr mille fois, avant d'en goûter qui dégradent ce que j'aime.

Je tins cette réfolution avec une conftance digne, j'ofe le dire, du fentiment qui me l'avoit fait former. Dès ce moment, je ne vis plus cette Maman fi chérie, que des yeux d'un véritable fils ; & il eft à noter que, bien que ma réfolution n'eût point fon approbation

secrette , comme je m'en suis trop ap-
perçu , elle n'employa jamais , pour
m'y faire renoncer , ni propos infi-
nuans , ni caresses , ni aucune de ces
adroites agaceries dont les femmes favent user , sans se commettre , & qui
manquent rarement de leur réussir. Réduit à me chercher un sort indépen-
dant d'elle , & n'en pouvant même imaginer , je passai bientôt à l'autre extrê-
mité , & le chercher tout en elle. Je
l'y cherchai si parfaitemenr , que je parvins presqu'à m'oublier moi - même.
L'ardent desir de la voir heureuse , à
quelque prix que ce fût , absorboit toutes mes affections : elle avoit beau séparer son bonheur du mien , je le
voyois mien , en dépit d'elle.

Ainsi commencèrent à germer avec
mes malheurs les vertus dont la se-
mence étoit au fond de mon ame , que
l'étude avoit cultivées , & qui n'attendoient pour éclorre que le ferment de
l'adversité. Le premier fruit de cette
disposition si désintéressée , fut d'écar-
ter de mon cœur tout sentiment de
haine & d'envie contre celui qui m'a-
voit supplanté. Je voulus , au contraire , & je voulus sincérement , m'atta-

cher à ce jeune homme , le former,
travailler à son éducation , lui faire
sentir son bonheur , l'en rendre digne,
s'il étoit possible , & faire , en un mot,
pour lui , ce qu'*Anet* avoit fait pour moi
dans une occasion pareille. Mais la pa-
rité manquoit entre les personnes. Avec
plus de douceur & de lumières , je n'a-
vois pas le sang-froid & la fermeté d'*A-
net*, ni cette force de caractère qui en
imposoit , & dont j'aurois eu besoin
pour réussir. Je trouvai encore moins
dans le jeune homme les qualités qu'*A-
net* avoit trouvées en moi; la docilité,
l'attachement, la reconnoissance, sur-
tout le sentiment du besoin que j'avois
de ses soins, & l'ardent desir de les rendre utiles. Tout cela manquoit ici. Celui que je voulois former ne voyoit en
moi qu'un pédant importun qui n'avoit
que du babil. Au contraire , il s'admi-
roit lui-même comme un homme important dans la maison, & mesurant les
services qu'il y croyoit rendre sur le
bruit qu'il y faisoit , il regardoit ses ha-
ches & ses pioches comme infiniment
plus utiles que tous mes bouquins. A
quelque égard, il n'avoit pas tort ; mais
il partoit de-là pour se donner des airs

à faire mourir de rire. Il tranchoit avec les payfans du Gentilhomme campagnard, bientôt il en fit autant avec moi, & enfin avec Maman elle-même. Son nom de *Vintzenried*, ne lui paroiffant pas pas affez noble, il le quitta pour celui de Monfieur de *Courtilles*, & c'eft fous ce dernier nom qu'il a été connu à Chambery, & en Maurienne où il s'eft marié.

Enfin tant fit l'illuftre perfonnage qu'il fut tout dans la maifon, & moi rien. Comme, lorfque j'avois le malheur de lui déplaire, c'etoit Maman, & non pas moi qu'il grondoit, la crainte de l'expofer à fes brutalités me rendoit docile à tout ce qu'il defiroit, & chaque fois qu'il fendoit du bois, emploi qu'il rempliffoit avec une fierté fans égale, il falloit que je fuffe là fpectateur oifif, & tranquille admirateur de fa proueffe. Ce garçon n'étoit pourtant pas abfolument d'un mauvais naturel ; il aimoit Maman, parce qu'il étoit impoffible de ne la pas aimer : il n'avoit même pas pour moi de l'averfion, & quand les intervalles de fes fougues permettoient de lui parler, il nous écoutoit quelquefois affez docilement,

convenant franchement qu'il n'étoit
qu'un fot, après quoi il n'en faifoit pas
moins de nouvelles fottifes. Il avoit
d'ailleurs une intelligence fi bornée,
& des goûts fi bas, qu'il étoit difficile de lui parler raifon, & prefqu'impoffible de fe plaire avec lui. A la poffeffion d'une femme pleine de charmes,
il ajouta le ragoût d'une femme-de-
chambre, vieille, rouffe, édentée,
dont Maman avoit la patience d'endu-
rer le dégoûtant fervice, quoiqu'elle
lui fît mal au cœur. Je m'apperçus de
ce nouveau manège, & j'en fus ou-
tré d'indignation : mais je m'apperçus
d'une autre chofe, qui m'affecta bien
plus vivement encore, & qui me jetta
dans un plus profond découragement
que tout ce qui s'étoit paffé jufqu'alors.
Ce fut le refroidiffement de Maman
envers moi.

La privation que je m'étois impofée,
& qu'elle avoit fait femblant d'approu-
ver, eft une de ces chofes que les femmes ne pardonnent point, quelque
mine qu'elles faffent, moins par la privation qu'il en réfulte pour elles-mê-
mes, que par l'indifférence qu'elles y
voient pour leur poffeffion. Prenez la

femme la plus senfée, la plus philofo-
phe, la moins attachée à fes fens, le
crime le plus irrémiffible que l'homme
dont au refte elle fe foucie le moins,
puiffe commettre envers elle, eft d'en
pouvoir jouir & de n'en rien faire. Il
faut bien que ceci foit fans exception,
puifqu'une fympathie fi naturelle & fi
forte fut altérée, en elle, par une abftinence qui n'avoit que des motifs de
vertu, d'attachement & d'eftime. Dès-
lors je ceffai de trouver en elle cette
intimité des cœurs, qui fit toujours
la plus douce jouiffance du mien. Elle
ne s'épanchoit plus avec moi que quand
elle avoit à fe plaindre du nouveau venu;
quand ils étoient bien enfemble, j'entrois peu dans fes confidences. Enfin
elle prenoit peu-à-peu une manière
d'être dont je ne faifois plus partie. Ma
préfence lui faifoit plaifir encore, mais
elle ne lui faifoit plus befoin, & j'aurois paffé des jours entiers fans la
voir, qu'elle ne s'en feroit pas apperçue.

Infenfiblement je me fentis ifolé &
feul dans cette même maifon, dont auparavant j'étois l'ame, & où je vivois,
pour ainfi dire, à double. Je m'accou-
tumai peu-à peu à me féparer de tout

ce qui s'y faisoit, de ceux mêmes qui l'habitoient ; & pour m'épargner de continuels déchiremens, je m'enfermai avec mes livres, ou bien j'allois soupirer & pleurer à mon aise au milieu des bois. Cette vie me devint bientôt tout-à-fait insupportable Je sentis que la présence personnelle & l'éloignement de cœur d'une femme qui m'étoit si chère, irritoient ma douleur, & qu'en cessant de la voir, je m'en sentirois moins cruellement séparé. Je formai le projet de quitter sa maison ; je le lui dis, & loin de s'y opposer, elle le favorisa. Elle avoit à Grenoble une amie, appellée Madame *Deybens*, dont le mari étoit ami de M. de *Mably*, grand Prévôt à Lyon. M. *Deybens* me proposa l'éducation des enfans de M. de *Mably* : j'acceptai, & je partis pour Lyon sans laisser ni presque sentir le moindre regret d'une séparation, dont auparavant la seule idée nous eût donné les angoisses de la mort.

J'avois à-peu-près les connoissances nécessaires pour un Précepteur, & j'en croyois avoir le talent. Durant un an que je passai chez M. de *Mably*, j'eus le tems de me désabuser. La douceur de

mon naturel m'eût rendu propre à ce
métier, si l'emportement n'y eût mêlé
ses orages. Tant que tout alloit bien &
que je voyois réussir mes soins & mes
peines qu'alors je n'épargnois point,
j'étois un ange. J'étois un diable, quand
les choses alloient de travers. Quand
mes élèves ne m'entendoient pas, j'ex-
travaguois, & quand ils marquoient de
la méchanceté je les aurois tués : ce n'é-
toit pas le moyen de les rendre savans
& sages. J'en avois deux : ils étoient
d'humeurs très-différentes. L'un de huit
à neuf ans, appellé *Ste.-Marie*, étoit
d'une jolie figure, l'esprit assez ouvert,
assez vif, étourdi, badin, malin, mais
d'une malignité gaie. Le cadet, appellé
Condillac, paroissoit presque stupide,
musard, têtu comme une mule, & ne
pouvant rien apprendre. On peut juger
qu'entre ces deux sujets je n'avois pas
besogne faite. Avec de la patience & du
sang-froid peut être aurois je pu réussir ;
mais faute de l'une & de l'autre je ne fis
rien qui vaille, & mes élèves tournoient
très-mal. Je ne manquois pas d'assiduité,
mais je manquois d'égalité, sur-tout
de prudence. Je ne savois employer auprès d'eux que trois instrumens, tou-

jours inutiles & souvent pernicieux au-près des enfans, le sentiment, le raisonnement, la colère. Tantôt je m'attendrissois avec *Ste.-Marie* jusqu'à pleurer, je voulois l'attendrir lui-même, comme si l'enfant étoit susceptible d'une véritable émotion de cœur ; tantôt je m'épuisois à lui parler raison, comme s'il avoit pu m'entendre, & comme il me faisoit quelquefois des argumens très-subtils, je le prenois tout de bon pour raisonnable, parce qu'il étoit raisonneur. Le petit *Condillac* étoit encore plus embarassant, parce que n'entendant rien, ne répondant rien, ne s'émouvant de rien, & d'une opiniâtreté à toute épreuve, il ne triomphoit jamais mieux de moi que quand il m'avoit mis en fureur ; alors c'étoit lui qui étoit le sage & c'étoit moi qui étois l'enfant. Je voyois toutes mes fautes, je les sentois, j'étudiois l'esprit de mes élèves, je les pénétrois très-bien, & je ne crois pas que jamais une seule fois j'aye été la dupe de leurs ruses ; mais que me servoit de voir le mal sans savoir appliquer le remède ? En pénétrant tout je n'empêchois rien, je ne réussissois à rien, & tout ce que je faisois étoit précisément ce qu'il ne falloit pas faire.

Je ne réuſſiſſois guères mieux pour moi que pour mes élèves. J'avois été recommandé par Madame *Deybens* à Madame de *Mably*. Elle l'avoit priée de former mes manières & de me donner le ton du monde ; elle y prit quelques ſoins & voulut que j'appriſſe à faire les honneurs de ſa maiſon ; mais je m'y pris ſi gauchement, j'étois ſi honteux, ſi ſot, qu'elle ſe rebuta & me planta-là. Cela ne m'empêcha pas de devenir, ſelon ma coutume, amoureux d'elle. J'en fis aſſez pour qu'elle s'en apperçut, mais je n'oſai jamais me déclarer ; elle ne ſe trouva pas d'humeur à faire les avances, & j'en fus pour mes lorgneries & mes ſoupirs, dont même je m'ennuyai bientôt, voyant qu'ils n'aboutiſſoient à rien,

J'avois tout-à-fait perdu chez Maman le goût des petites fripponneries, parce que tout étant à moi, je n'avois rien à voler. D'ailleurs, les principes élevés que je m'étois faits, devoient me rendre déſormais bien ſupérieur à de telles baſſeſſes, & il eſt certain que depuis lors je l'ai d'ordinaire été ; mais c'eſt moins pour avoir appris à vaincre mes tentations que pour en avoir coupé la racine, & j'aurois grand'peur de voler comme dans mon enfance, si j'étois sujet aux mêmes desirs. J'eus la preuve de cela chez M. de *Mably*. Environné de petites choses volables que je ne regardois même pas, je m'avisai de convoiter un certain petit vin blanc d'Arbois très-joli, dont quelques verres que par-ci par-là je buvois à table, m'avoient fort affriandé. Il étoit un peu louche : je croyois savoir bien coller le vin, je m'en vantai ; on me confia celui-là, je le collai & le gâtai, mais aux yeux seulement. Il resta toujours agréable à boire, & l'occasion fit que je m'en accommodai de tems en tems de quelques bouteilles pour boire à mon aise en mon petit particulier. Malheureusement je n'ai jamais pu boire sans manger. Comment faire pour avoir du pain ? Il m'étoit impossible d'en mettre en réserve. En faire acheter par les laquais, c'étoit me déceler & presqu'insulter le maître de la maison. En acheter moi-même, je n'osai jamais. Un beau Monsieur, l'épée au côté, aller chez un boulanger acheter un morceau de pain, cela se pouvoit-il ? Enfin, je me rappellai le pis-aller d'une grande Princesse à qui l'on disoit

que les paysans n'avoient pas de pain,
& qui répondit : Qu'ils mangent de la
brioche. Encore, que de façons pour en
venir là ! Sorti seul à ce dessein je parcourois quelquefois toute la ville &
passois devant trente pâtissiers avant
d'entrer chez aucun. Il falloit qu'il n'y
eût qu'une seule personne dans la boutique, & que sa physionomie m'attirât
beaucoup pour que j'osasse franchir le
pas. Mais aussi quand j'avois une fois
ma chère petite brioche, & que bien
enfermé dans ma chambre j'allois trouver ma bouteille au fond d'une armoire,
quelles bonnes petites buvettes je fai-
sois-là tout seul, en lisant quelques
pages de roman. Car lire en mangeant
fut toujours ma fantaisie au défaut d'un
tête-à-tête. C'est le supplément de la
société qui me manque. Je dévore alternativement une page & un morceau : c'est comme si mon livre dînoit
avec moi.

Je n'ai jamais été dissolu ni crapuleux, & ne me suis enivré de ma vie.
Ainsi mes petits vols n'étoient pas fort
indiscrets : cependant ils se découvri-
rent ; les bouteilles me décelèrent. On
ne m'en fit pas semblant ; mais je n'eus

plus la direction de la cave. En tout cela M. de *Mably* se conduisit honnête-ment & prudemment. C'étoit un très-galant homme, qui sous un air aussi dur que son emploi, avoit une véritable douceur de caractère & une rare bonté de cœur. Il étoit judicieux, équitable, & ce qu'on n'attendroit pas d'un Officier de Maréchaussée, même très-humain. En sentant son indulgence je lui en devins plus attaché, & cela me fit prolonger mon séjour dans sa maison plus que je n'aurois fait sans cela. Mais enfin dégoûté d'un métier auquel je n'é-tois pas propre & d'une situation très-gênante qui n'avoit rien d'agréable pour moi, après un an d'essai, durant le-quel je n'épargnai point mes soins, je me déterminai à quitter mes disciples, bien convaincu que je ne parviendrois jamais à les bien élever. M. de *Mably* lui-même voyoit tout cela aussi bien que moi. Cependant je crois qu'il n'eût ja-mais pris sur lui de me renvoyer si je ne lui en eusse épargné la peine, & cet excès de condescendance en pareil cas n'est assurément pas ce que j'ap-prouve.

Ce qui me rendoit mon état plus

insupportable , étoit la comparaison continuelle que j'en faisois avec celui que j'avois quitté : c'étoit le souvenir de mes cheres Charmettes , de mon jardin , de mes arbres , de ma fontaine , de mon verger , & sur-tout de celle pour qui j'étois né qui donnoit de l'ame à tout cela. En repensant à elle , à nos plaisirs , à notre innocente vie , il me prenoit des serremens de cœur , des étouffemens qui m'ôtoient le courage de rien faire. Cent fois j'ai été violemment tenté de partir à l'instant & à pied pour retourner auprès d'elle ; pourvu que je la revisse encore une fois , j'aurois été content de mourir à l'instant même. Enfin je ne pus résister à ces souvenirs si tendres qui me rappelloient auprès d'elle à quelque prix que ce fût. Je me disois que je n'avois pas été assez patient, assez complaisant, assez caressant , que je pouvois encore vivre heureux dans une amitié très-douce en y mettant du mien plus que je n'avois fait. Je forme les plus beaux projets du monde , je brûle de les exécuter. Je quitte tout , je renonce à tout , je pars , je vole , j'arrive dans tous les mêmes transports de ma première jeuneſſe, & je me retrouve à ſes pieds. Ah ! j'y ſerois mort de joie ſi j'avois retrouvé dans ſon accueil, dans ſes ca- reſſes, dans ſon cœur enfin, le quart de ce qui j'y retrouvois autrefois, & que j'y reportois encore.

Affreuſe illuſion des choſes humaines! Elle me reçut toujours avec ſon excel- lent cœur qui ne pouvoit mourir qu'avec elle : mais je venois rechercher le paſſé qui n'étoit plus & qui ne pouvoit re- naître. A peine eus-je reſté demi-heure avec elle, que je ſentis mon ancien bonheur mort pour toujours. Je me retrouvai dans la même ſituation déſo- lante que j'avois été forcé de fuir, & cela ſans que je puſſe dire qu'il y eût de la faute de perſonne ; car au fond *Courtilles* n'étoit pas mauvais, & parut me revoir avec plus de plaiſir que de chagrin. Mais comment me ſouffrir ſur- numéraire près de celle pour qui j'avois été tout, & qui ne pouvoit ceſſer d'être tout pour moi? Comment vivre étran- ger dans la maiſon dont j'étois l'enfant. L'aſpect des objets témoins de mon bonheur paſſé me rendoit la compa- raiſon plus cruelle. J'aurois moins ſouf- fert dans une autre habitation. Mais

me voir rappeller inceſſamment tant de
doux ſouvenirs, c'étoit irriter le ſentiment de mes pertes. Conſumé de
vains regrets, livré à la plus noire mélancolie, je repris le train de reſter
ſeul hors les heures de repas. Enfermé
avec mes livres, j'y cherchois des diſ-
tractions utiles, & ſentant le péril im-
minent que j'avois tant craint autrefois,
je me tourmentois de rechef à chercher
en moi-même les moyens d'y pourvoir,
quand Maman n'auroit plus de reſſource.
J'avois mis les choſes dans ſa maiſon ſur
le pied d'aller ſans empirer; mais depuis
moi tout cela étoit changé. Son Eco-
nome étoit un diſſipateur. Il vouloit
briller : bon cheval, bon équipage ; il
aimoit à s'étaler noblement aux yeux
des voiſins; il faiſoit des entrepriſes continuelles en choſes où il n'entendoit
rien. La penſion ſe mangeoit d'avance,
les quartiers en étoient engagés, les
loyers étoient arriérés & les dettes alloient leur train. Je prévoyois que
cette penſion ne tarderoit pas d'être
ſaiſie & peut-être ſupprimée. Enfin je
n'enviſageois que ruine & déſaſtres,
& le moment m'en ſembloit ſi proche,
que j'en ſentois d'avance toutes les
horreurs.

Mon cher cabinet étoit ma seul diftraction. A force d'y chercher des remèdes contre le trouble de mon ame, je m'avifai d'y en chercher contre les maux que je prévoyois ; & revenant à mes anciennes idées, me voilà bâtiffant de nouveaux châteaux en Efpagne, pour tirer cette pauvre Maman des extrémités cruelles où je la voyois prête à tomber. Je ne me fentois pas affez favant & ne me croyois pas affez d'efprit pour briller dans la République des Lettres, & faire une fortune par cette voie. Une nouvelle idée qui fe préfenta m'infpira la confiance que la médiocrité de mes talens ne pouvoit me donner. Je n'avois pas abandonné la mufique, en ceffant de l'enfeigner. Au contraire, j'en avois affez étudié la théorie pour pouvoir me regarder au moins comme favant en cette partie. En réfléchiffant à la peine que j'avois eue d'apprendre à déchiffrer la note, & à celle que j'avois encore à chanter à livre ouvert, je vins à penfer que cette difficulté pouvoit bien venir de la chofe autant que de moi, fachant fur-tout qu'en général apprendre la mufique, n'étoit pour perfonne une chofe aifée. En examinant la conftitution des fignes, je les trouvois fouvent fort mal inventés. Il y avoit long-tems que j'avois penfé à noter l'échelle par chiffres, pour éviter d'avoir toujours à tracer des lignes & portées, lorfqu'il falloit noter le moindre petit air. J'avois été arrêté par les difficultés des octaves, & par celles de la mefure & des valeurs. Cette ancienne idée me revint dans l'efprit, & je vis en y repenfant que ces difficultés n'étoient pas infurmontables. J'y rêvai avec fuccès, & je parvins à noter quelque mufique que ce fût par mes chiffres, avec la plus grande exactitude, & je puis dire avec la plus grande fimplicité. Dès ce moment, je crus ma fortune faite; & dans l'ardeur de la partager avec celle à qui je devois tout, je ne fongeai qu'à partir pour Paris, ne doutant pas qu'en préfentant mon projet à l'Académie, je ne fiffe une révolution. J'avois rapporté de Lyon quelque argent ; je vendis mes livres. En quinze jours, ma réfolution fut prife & exécutée. Enfin, plein des idées magnifiques qui me l'avoient infpirée, & toujours le même dans tous les tems , je partis de Savoye avec mon fyftême de mufique, comme autrefois j'étois parti de Turin avec ma fontaine de Héron.

Telles ont été les erreurs & les fautes de ma jeuneffe. J'en ai narré l'hiftoire avec une fidélité dont mon cœur eft content. Si dans la fuite j'honorai mon âge mûr de quelques vertus, je les aurois dites avec la même franchife, & c'étoit mon deffein. Mais il faut m'arrêter ici. Le tems peut lever bien des voiles. Si ma mémoire parvient à la poftérité, peut être un jour elle apprendra ce que j'avois à dire. Alors, on faura pourquoi je me tais.

F I N.